Die Rechtsgrundsätze

des

Königlich Preußischen

Ober-Verwaltungsgerichts.

Nach den gedruckten Entscheidungen zusammengestellt und mit Rücksicht auf die fortschreitende und auf die neuen Provinzen ausgedehnte Verwaltungsgesetzgebung erläutert

von

K. Parey,

Königl. Verwaltungsgerichtsdirektor a. D.

2te vermehrte und verbesserte Auflage.

Ergänzungsband 1895,

enthaltend die Rechtsgrundsätze aus Band XXVII und XXVIII sowie aus Band III der Entscheidungen in Steuersachen,

herausgegeben

von

Friedrich Karl Parey,

Königl. Consistorialassessor.

Berlin 1896.

J. J. Heines Verlag.

Vorwort.

Der vorliegende Ergänzungsband enthält auch Entscheidungen des Oberverwaltungsgerichts in Gewerbesteuersachen. Die Zuständigkeit dieses Gerichts ergiebt sich aus dem § 36 des Gewerbesteuergesetzes vom 24. Juni 1891 (G. S. S. 205).

Herrn Bürgermeister Koslik in Reichenbach (Schlesien) sage ich für die mir bei der Bearbeitung dieses Werkes geleistete Unterstützung meinen verbindlichsten Dank.

Bromberg, im März 1896.

F. K. Parey, Konsistorialassessor.

Inhalt.

Erste Abteilung.

Angelegenheiten der Kommunal- und staatlichen Verwaltungsbezirke.

Zweite Abteilung.

Kultus, Schule und Personenstand.

Dritte Abteilung.

Polizeiliche Angelegenheiten.

Vierte Abteilung.

Der Verwaltungsprozeß.

Fünfte Abteilung.

Entscheidungen in Staats-Steuersachen.

Sechste Abteilung.

Entscheidungen in Gewerbesteuersachen.

Erste Abteilung.

Angelegenheiten der Kommunal- und staatlichen Verwaltungsbezirke.

II.

Kreise.

B. Kreisabgaben.

(Einzuschalten auf Seite 4 des Ergänzungsbandes 1892.)

Nr. 94.

Endurteil des II. Senats vom 10. Oktober 1894 (Entsch. Bd. XXVII. S. 1.)

1) Die Einschätzung der Forensen zu den Kreisabgaben erfolgt, soweit sie zu den der Verteilung der letzteren zu Grunde gelegten Staatssteuern nicht schon unmittelbar herangezogen sind, von dem Kreisausschuß, nach den für die Veranlagung dieser Staatssteuern bestehenden gesetzlichen Vorschriften, unter Anwendung des für die Kreisabgaben bestimmten Anteilsverhältnisses.

2) Die zur Tilgung einer Lehnsschuld von einem Fideikommißbesitzer jährlich zu entrichtenden Amortisationsraten sind von dem Einkommen aus Grundbesitz nicht in Abzug zu bringen; denn es handelt sich hier nicht um dauernde Lasten, die auf einem besonderen Rechtstitel beruhen (§ 9 I 3 Einkommensteuergesetzes), sondern um Kapitalabtragungen, welche nicht lediglich als durch eine gute Wirthschaft gebotene und aus den Betriebseinnahmen zu deckende Ausgaben anzusehen sind (§ 9 II 1 a. a. O.).

Nr. 95.

Endurteil des II. Senats vom 2. Oktober 1895 (Entsch. Bd. XXVIII. S. 1).

Eine durch die Bestimmungen des Kommunalabgabengesetzes veranlaßte erstmalige Neuverteilung der Kreisabgaben bildet keine Veränderung des festgestellten Verteilungsmaßstabes im Sinne des § 124 der Kreisordnung vom $\frac{\text{13. Dezember 1872.}}{\text{12. März 1881.}}$

III.

Städte.

A. Städtische Gemeindeabgaben.

(Einzuschalten auf Seite 16 des Ergänzungsbandes 1894.)

Nr. 194.

Endurteil des II. Senats vom 17. Oktober 1894 (Entsch. Bd. XXVII. S. 41).

1) Wo die Veranlagung zur Kommunalsteuer mittels Offenlegung der Heberolle erfolgt, läuft die dreimonatige Einspruchsfrist mit dem auf den letzten Tag der Offenlegung der Rolle folgenden Tage ab, jedoch nur für solche Censiten, welche wirklich Gemeindeangehörige sind (vergl. jetzt Kommunalabgabengesetz vom 14. Juli 1893, §§ 65 und 69).

2) Wegen der Steuerpflicht der Gesellschafter von Gesellschaften mit beschränkter Haftung in Gemeinden, wo diese Gesellschaft ihr Gewerbe betreibt, zu vergleichen § 33 Nr. 3 des Kommunalabgabengesetzes vom 14. Juli 1893. Das O.=V.=G. hat in dem vorliegenden Fall vor Inkrafttreten dieses Gesetzes die Frage der Steuerpflicht verneint.

Nr. 195.

Endurteil des II. Senats vom 31. Oktober 1894 (Entsch. Bd XXVII. S. 32).

Aktiengesellschaften sind gemäß § 2 Ges. vom 27. Juli 1885 (jetzt § 35 des Kommunalabgabengesetzes vom 14. Juli 1893) am „Sitz des Unternehmens" zu Kommunalabgaben heranziehbar, nicht aber an dem handelsregistermäßigen „Sitz der Gesellschaft", wenn dieser von dem wirtschaftlichen „Sitz des Unternehmens" verschieden ist.

Nr. 196.

Endurteil des II. Senats vom 31. Oktober 1894 (Entsch. Bd. XXVII S. 50).

1) Eine Straße kann im Augenblicke des Erlasses eines Ortsstatuts (§ 15 Ges. vom 2. Juli 1875 — G.=S. S. 561) „vorhanden" gewesen sein, ohne daß sie deshalb damals auch schon vollendet zu sein brauchte (Friedrichs, Kommentar zum Gesetze vom 2. Juli 1875, 3. Ausgabe S. 117).

2) Eine „schon vorhandene Straße" im Sinne des § 15 a. a. O. ist eine dem inneren städtischen Verkehr und dem Anbau bereits dienende — wenn auch vielleicht noch nicht fertig gestellte — Kommunikationsanstalt.

Nr. 197.

Endurteil des II. Senats vom 3. November 1894 (Entsch. Bd. XXVII S. 58).

Das Straßen= und Baufluchtengesetz vom 2. Juli 1875 hat es unternommen, die Materie der Anlegung und der Veränderung von Straßen für den ganzen Umfang der Monarchie einheitlich zu ordnen. Hierbei ist indessen § 15 vorgeschrieben worden, inwieweit die an neue u. s. w. Straßen grenzenden Grundbesitzer zu den Kosten der Anlegung und Unterhaltung jener Straßen herangezogen werden dürfen. Zugleich ist die nähere Regelung der Beitragspflicht der Bestimmung durch Ortsstatute überlassen worden, welche indeß dieselbe nur innerhalb der Grenzen, der in dem Abs. 1 des § 15 enthaltenen Vorschrift vornehmen sollen. Schließlich hat der § 19 verfügt, daß alle den Bestimmungen des neuen Gesetzes entgegenstehenden allgemeinen und besonderen gesetzlichen Vorschriften aufgehoben seien, und dadurch zu erkennen gegeben, die hier in Frage stehende Angelegenheit sei durch das neue Gesetz erschöpfend geregelt worden und andere auf diese Angelegenheit bezüglichen Gesetze seien nicht mehr zur Anwendung zu bringen, falls sie die Grundbesitzer in erheblicherem Maße belasten sollten. Demnach besteht hinsichtlich der in § 15 des Gesetzes von 1875 bezeichneten Straßen eine Beitragspflicht der Grundeigentümer lediglich insofern, als die eine solche Verpflichtung aussprechende gesetzliche oder statutarische Vorschrift innerhalb der durch den ersten Absatz des § 15 gezogenen Schranken sich hält. Die weiter gehenden Bestimmungen des Dekrets vom 11 Januar 1809 (Abt. I des Großherzoglich-Bergischen Gesetzbulletins S. 232) sind daher für aufgehoben zu erachten.

Nr. 198.

Endurteil des II. Senats vom 24. November 1894 (Entsch. Bd. XXVII S. 56).

Auch nicht-historische, mehr oder minder noch unfertige Straßen können immerhin zu den bei Erlaß eines Ortsstatuts (§ 15 Ges. vom 2 Juli 1875) bereits vorhandenen, in diesem Zeitpunkt schon „bestehenden" Straßen gehören.

Nr. 199.

Endurteil des II. Senats vom 8. Dezember 1894 (Entsch. Bd. XXVII S. 57).

Ob eine Straße als eine vorhandene im Gegensatz zu einer neuen anzusehen ist, muß nach den jedesmaligen Verhältnissen beurteilt werden; dabei ist jedoch zu beachten, daß die etwas weiter reichenden Erfordernisse, welche an eine sog. historische Straße gestellt werden, hier nicht erfüllt zu sein brauchen, es hierauf bei dem großen Gegensatze von „vorhanden" und „neu" nicht ankommt.

Nr. 200.

Endurteil des II. Senats vom 12. Dezember 1894 (Entsch. Bd. XXVII S. 25.)

1) Bei Durchschnittsberechnungen des Einkommens zum Zwecke der Veranlagung zur Kommunalsteuer sind die Einkommensverhältnisse in dem Zeitraum vor dem Tage der Veranlagung zu berücksichtigen, wenn diese vor dem 1. April — dem Beginne des Steuerjahres — erfolgt ist. Ist

aber die Veranlagung erst später erfolgt, so kommt es auf diejenigen Verhältnisse an, welche in dem Zeitraum vor dem 1. April obgewaltet haben. Hierbei erscheint es übrigens unerheblich, ob an den kritischen Tagen die Ergebnisse gerade festgestellt sind; es soll vielmehr, um jede Willkürlichkeit zu vermeiden, nur das entscheidend sein, ob sie haben festgestellt werden können.

2) Die für die Feststellung des Einkommens einer sich über mehrere Gemeinden erstreckenden Gewerbeunternehmung maßgebend gewesene Zeitperiode ist für die Berechnung der Bruttoeinnahme behufs Repartierung des Einkommens den steuerberechtigten Gemeinden gegenüber (§§ 7, 8 Ges. vom 27. Juli 1885 — G. S. S. 327 —, jetzt §§ 47, 48 des Kommunalabgabengesetzes vom 14. Juli 1893 — G. S. S. 152) nicht entscheidend.

3) Die Durchschnittsberechnung nach den Verhältnissen der drei Vorjahre ist dann nicht maßgebend, wenn das Geschäft, aus welchem Einkommen besteuert werden soll, noch nicht so lange bestanden hat, oder wenn im Laufe der bezeichneten Jahre eine wesentliche Veränderung im Gewerbebetriebe eingetreten ist. Ist letzteres geschehen, so kann die der Veränderung vorhergegangene Zeit nicht in Betracht kommen.

Nr. 201.

Endurteil des II. Senats vom 5. Januar 1895 (Entsch. Bd. XXVII S. 45).

1) Ist bei der staatlichen Veranlagung zur Gewerbesteuer eine gewisse Gemeinde als Ort eines Gewerbebetriebes angesehen worden, so ist diese Feststellung für die Kommunalsteuerpflicht des gewerbetreibenden Censiten in dieser Gemeinde noch nicht maßgebend. Es bleibt vielmehr in dem Kommunalbesteuerungsverfahren selbständig zu prüfen, ob die Voraussetzungen für die Kommunalsteuerpflicht in der betreffenden Gemeinde vorliegen.

2) Erstreckt sich ein Gewerbebetrieb über mehrere Kommunalbezirke und ist die im § 38 des Gewerbesteuergesetzes vom 24. Juni 1891 (G. S. S. 205) gedachte Zerlegung des Steuersatzes auf die einzelnen Betriebsorte zum Zwecke der kommunalen Besteuerung noch nicht erfolgt, so berechtigt dies nicht etwa die einzelnen Gemeinden, einstweilen von dem ganzen Steuersatze den Kommunalsteuerzuschlag zu erheben.

Nr. 202.

Endurteil des II. Senats vom 2. Februar 1895 (Entsch. Bd. XXVII S. 58).

Um einer Straße die Eigenschaft einer unbebauten zu nehmen, ist es nicht erforderlich, daß an derselben vollendete Häuser errichtet sind.

Nr. 203.

Endurteil des II. Senats vom 9. Februar 1895 Endsch. Bd. XXVII. S. 36.

Diejenigen Erträge, welche einer Terraingesellschaft aus der Vermietung und Verpachtung ihrer nach Inhalt des Statuts und ihrer Geschäftsberichte sich lediglich als Waare darstellenden Grundstücke zufließen, charakterisieren sich als Einkommen aus Handel und Gewerbe.

Aus der längeren oder kürzeren Dauer der Mietsperiode ein rechtliches Kriterium für oder gegen die Eigenschaft dieser Erträge als Einkommen aus dem Gewerbebetrieb zu entnehmen, ist nicht zulässig.

Nr. 204.

Endurteil des II. Senats vom 23. März 1895 Entsch. Bd. XXVIII S. 78.

1) Wenn der § 19 der Wegeordnung für die Provinz Sachsen vom 11. Juli 1891 vorschreibt, daß die Wegebaulast eine Gemeindelast sei, so ist hierdurch nichts Anderes angeordnet worden, als daß die Gemeinde an die Stelle der bisher Pflichtigen trete. Hinsichtlich der Verteilung der Wegebaulast innerhalb der Gemeinde hat aber der § 19 nur die Bestimmung getroffen, daß eine Verteilung nach örtlich begrenzten Wegestrecken unzulässig sei.

2) Die Gemeinde kann die ihr durch die Wegebaulast entstehenden Kosten unter Berücksichtigung ihrer besonderen Verhältnisse umlegen, sei es im Wege der allgemeinen Besteuerung, sei es mittelst Auferlegung von Zwecksteuern unter spezieller Belastung hervorragend interessierter Personen oder Grundstücke, sei es durch Heranziehung der bauenden Grundbesitzer mit Anliegerbeiträgen innerhalb der durch den § 15 Ges. v. 2. Juli 1875 gezogenen Schranken.

Nr. 205.

Endurteil des II. Senats vom 8. Mai 1895 Entsch. Bd. XXVIII S. 41.

1) Censiten, welche eine Herabsetzung ihrer Kommunalsteuer beanspruchen, sind zwar verpflichtet, ihre Bücher dem Verwaltungsgericht erforderlichenfalls auch in wiederholten fortgesetzten Terminen v o r z u l e g e n; dagegen kann ihnen die Ueberlassung an einen Sachverständigen nicht angesonnen werden.

2) Erstreckt sich ein Gewerbebetrieb über mehrere Gemeinden, so reicht das bloße Ueberwiegen der Bankgeschäfte in derselben nicht aus, die Regel des § 47 b des Kommunalabgabengesetzes vom 14. Juli 1893 zu verlassen und nur mit dem § 47 a zu rechnen.

Nr. 206.

Endurteil des II. Senats vom 25. Mai 1895 Entsch. Bd. XXVIII S. 65.

Bürgerrechtsgeld darf in derselben Gemeinde von derselben Person nur einmal erhoben werden.

Nr. 207.

(Endurteil des II. Senats vom 29. Mai 1895 (Entsch. Bd. XXVIII. S. 74.)

Für die Benutzung der Luftsäule über öffentlichen Straßen zur Anlegung von Balkons und Erkern darf ortsstatutarisch eine Gebühr — eine Abgabe öffentlich rechtlicher Natur — nicht festgesetzt werden. Die privatrechtlichen Ansprüche des Eigentümers der Straße gegenüber Invasionen werden hierdurch nicht berührt.

Nr. 208.

Endurteil des II. **Senats vom 5. Juni 1895** (Entsch. Bd. XXVIII. S. 46.)

Eine Betriebsstätte einer auswärtigen Versicherungsgesellschaft im Sinne des § 35 des Kommunalabgabengesetzes vom 14. Juli 1893 ist auch dann vorhanden, wenn ein am Orte befindliches Bureau der Gesellschaft dazu berufen ist, der Gesellschaft neue geschäftliche Beziehungen zum Publikum zu eröffnen, Kunden anzuwerben, Versicherungs- und Auszahlungsanträge vorzubereiten und Inkassi gegen Quittung der Gesellschaft selbst zu besorgen, auch alle diese Geschäfte in einem der Gesellschaft gehörigen Hause zu betreiben.

Nr. 209.

Endurteil des II. **Senats vom 6. Juli 1895** (Entsch. Bd. XXVIII. S. 80.)

1) Auf Grund des § 49 Abs. 2 Nr. II der Städteordnung für die Rheinprovinz vom 15. Mai 1856 ist es zulässig, diejenigen Kosten, welche durch Reparatur der Bürgersteige entstehen, auf die anliegenden Grundbesitzer zu repartieren.

2) Es besteht keine gesetzliche Vorschrift, welche es verböte, Präzipualsteuern zu dem Zwecke zu erheben, um bereits früher aus Gemeindemitteln gedeckte Ausgaben der Gemeinde wieder zu ersetzen.

Nr. 210.

Endurteil des II. **Senats vom 10. Juli 1895** (Entsch. Bd. XXVIII. S. 49.)

Benutzt eine juristische Person ein ihr gehöriges Gebäude als Wohnung für ihre eigenen Angestellten, ohne diesen ein dingliches Wohnungsrecht einzuräumen, so findet, so lange die Angestellten die Wohnungen in Anrechnung auf ihr Diensteinkommen oder anstatt eines sonst zu gewährenden Wohnungsgeldes innehaben, eine steuerpflichtige Selbstnutzung des Gebäudes seitens des Eigentümers statt.

Nr. 211.

Endurteil des II. **Senats vom 2. Oktober 1895** (Entsch. Bd. XXVIII S. 54).

1) Nur das Produktionsmittel — sei es Grundbesitz, Kapital oder Arbeit — bestimmt den für die Besteuerung entscheidenden Charakter des Einkommens; auf die Verwendung des Einkommens kommt es hierbei nicht an.

2) Ein Mietswert bleibt nach § 13 des Einkommensteuergesetzes vom 24. Juli 1891 bei nicht vermieteten, zum gewerblichen Betriebe benutzten Gebäuden oder Gebäudeteilen für die Besteuerung des Grundbesitzes außer Ansatz. Der Nutzen, welchen ein Censit aus solchen Räumen zieht, erscheint

nur in dem Ertrage des Gewerbes, dagegen nie in dem Einkommen aus Grundvermögen.

Nr. 212.

Endurteil des II. Senats vom 14. November 1894 (Entsch. Bd. XXVIII S. 70).

Eine Abänderung eines Beschlusses über die Einführung von Bürgerrechtsgeld kann nur mit Genehmigung des Bezirksausschusses erfolgen.

Nr. 213.

Endurteil des II. Senats vom 26. November 1895 (Entsch. Bd. XXVIII S. 62).

Die Zinsen eines Darlehns, welches ein Beamter zur Beschaffung von als Kaution hinterlegten Wertpapieren aufgenommen, sind bei der Veranlagung des Beamten zur Kommunalsteuer zunächst von den Zinsen der hinterlegten Wertpapiere in Abzug zu bringen.

B. Zwangsetatisirung.

(Einzuschalten auf Seite 165 des Hauptwerkes).

Nr. 11.

Endurteil des I. Senats vom 1. Mai 1894 (Entsch. Bd. XXVII S. 77).

Nach der Städteordnung für die östlichen Provinzen vom 30. Mai 1853 ist die Kommunalaufsichtsbehörde nicht befugt, die Gehälter bereits angestellter Gemeindebeamten während deren Dienstzeit einseitig zu erhöhen, weder bezüglich der Magistratsmitglieder, noch bezüglich der sonstigen städtischen Beamten (§§ 64, 78 a. a. O. und § 19 Zust.-Ges.

Nr. 12.

Endurteil des I. Senats vom 23. Oktober 1894 (Entsch. Bd. XXVII S. 63).

1) Nach dem Gesetz über die Polizeiverwaltung vom 11. März 1850 (G. S. S. 265) hatten die Gemeinden mit Königlicher Polizeiverwaltung alle mittelbaren und von den unmittelbaren die Unterkategorien der sächlichen Polizeiverwaltungskosten zu tragen, während der Fiskus von den unmittelbaren die persönlichen Kosten zu bestreiten hatte.

2) Das Gesetz, betreffend die Kosten Königlicher Polizeiverwaltungen in Stadtgemeinden, vom 20. April 1892 (G. S. S. 87) hat die Unterscheidung zwischen sächlichen und persönlichen Ausgaben fallen lassen und alle unmittelbaren Kosten der örtlichen Polizeiverwaltung auf den Staat übertragen, während die mittelbaren mangels anderweiter Verpflichteter nach wie vor der Stadt zur Last fallen.

3) Unter den unmittelbaren Kosten der Polizeiverwaltung sind diejenigen Ausgaben zu verstehen, die durch die Einsetzung und den Unterhalt

des verwaltenden Personals und durch dessen Ausrüstung mit dem zum Dienstbetriebe Erforderlichen an Grundstücken, Materialien, Geräten, Hülfsleistungen Dritter u. s. w. erwachsen. Mittelbare Kosten sind hingegen diejenigen, welche erst infolge der verwaltenden Thätigkeit durch die Ausführung der im Verwaltungswege gegen Dritte getroffenen Anordnungen, durch Herstellung polizeigemäßer Zustände in der Außenwelt entstehen.

4) Die Löhnung von Personen, welche zum Aufsuchen und Bergen von Wasserleichen angenommen sind, gehört zu den unmittelbaren, vom Staate zu bestreitenden „besonderen Kosten im Interesse der örtlichen Polizeiverwaltung" (§ 2 Ges. v. 20. April 1892). Hierhin gehören nach den Motiven des Gesetzes auch die Kosten für die Untersuchung von Prostituirten und Gefangenen, solche pro vigilantia und für Gefangenen- und Aktenwagen.

Nr. 13.

Endurteil des I. Senats vom 23. Oktober 1894 (Entsch. Bd. XXVII S. 75).

Die Kosten der im sanitätspolizeilichen Interesse angeordneten Zwangsheilung syphilitisch Erkrankter gehören nicht zu den nach dem Gesetz vom 20. April 1892 vom Staate zu bestreitenden Kosten der örtlichen Polizeiverwaltung.

Nr. 14.

Endurteil des I. Senats vom 19. April 1895 (Entsch. Bd. XXVIII S. 86).

In einer Heilanstalt zwangsweise untergebrachte geschlechtskranke Dirnen sind keine Polizeigefangenen, die durch die Festhaltung u. s. w. derselben entstehenden Kosten keine Polizeigefängnißkosten im Sinne des § 2 Ges. vom 20. April 1892.

Nr. 15.

Endurteil des I. Senats vom 28. Mai 1895 (Entsch. Bd. XXVIII S. 89).

1) Die Kosten der Beschaffung und Anbringung von Straßenschildern fallen in Städten mit Königlicher Polizeiverwaltung den Stadtgemeinden zur Last.

2) Die Verpflichtung einer Gemeinde, der örtlichen Polizeiverwaltung die nötigen Geldmittel bereit zu stellen, kann — des etwa zulässigen Rechtsweges unbeschadet — von der Aufsichtsbehörde festgesetzt werden.

D. Städtische Wahlen.

(Einzuschalten auf Seite 20 des Ergänzungsbandes 1894.)

Nr. 32.

Endurteil des II. Senats vom 8. Dezember 1894 (Entsch. Bd. XXVII. S. 21.)

Nach § 19 der Städteordnung für die Rheinprovinz vom 15. Mai 1856 soll die im § 18 bezeichnete Liste für die Stadtverordnetenwahlen, d. i. eine

Liste der stimmfähigen Bürger, welche die erforderlichen Eigenschaften derselben nachweist und welche nach Wahlabteilungen eingeteilt ist, zur öffentlichen Kenntnis offen gelegt werden. Es darf also der Einsichtnahme nichts von dem vorenthalten werden, was die Liste enthalten muß. Hierzu gehört auch die Angabe der Steuern, welche von den eingetragenen Personen zu zahlen sind. Die §§ 52 69 des Einkommensteuergesetzes, betreffend die Geheimhaltung der Vermögensverhältnisse der Steuerpflichtigen, stehen dem nicht entgegen.

Nr. 33.

Endurteil des II. **Senats vom 6. März 1895** (Entsch. Bd. XXVII. S. 16.)

1) Einwendungen gegen die Richtigkeit der Wählerliste zur Stadtverordnetenwahl können nur während der Dauer der Auslegung der Liste erhoben werden (§ 10 Abs. 2 des Zuständigkeitsgesetzes), und es ist daher rechtlich unerheblich, wenn solche Einwendungen nach jener Zeit geltend gemacht werden.

2) Das jedem Gemeindemitgliede zustehende Recht auf Einsicht der ausgelegten Wählerliste ist nicht abhängig von der Zahlung des Bürgerrechtsgeldes.

3) Den Beteiligten steht ein Recht auf Erteilung einer Abschrift der Wählerlisten nicht zu.

4) Aber auch die Berechtigung zum Abschreiben der Liste läßt sich in Ermangelung einer bezüglichen Gesetzesvorschrift nicht als in dem Rechte auf Einsicht der Liste mitbegriffen ansehen.

Nr. 34.

Endurteil des II. **Senats vom 8. Mai 1895** (Entsch. Bd. XXVIII. S. 10.)

1) Bei dem Tode eines zum Stadtverordneten Gewählten ist auch dann eine Ersatzwahl erforderlich, wenn die Wahl des Verstorbenen ungültig war.

2) Hinsichtlich der Fähigkeit, gewählt zu werden, kommt es lediglich auf die Zeit der Wahl an.

3) Ein Magistratsmitglied kann während seiner Amtszeit auch für eine erst nach Ablauf derselben beginnende Wahlperiode nicht zum Stadtverordneten gewählt werden.

Nr. 35.

Endurteil des II. **Senats vom 11. Mai 1895** (Entsch. Bd. XXVIII. S. 18.)

1) Es ist zulässig, bei der Wahl von Stadtverordneten zu dem Wahlakt einen Protokollführer zuzuziehen, welcher die mechanische Schreibarbeit besorgt.

2) Nach dem § 25 der Städteordnung vom 30. Mai 1853 muß jeder Wähler erklären, wem er seine Stimme geben will. In welcher Weise er die zu wählende Person zu bezeichnen hat, ist nicht vorgeschrieben, namentlich

nicht etwa, daß er neben dem Familiennamen auch den Vornamen und den Stand angeben muß. Vielmehr kommt es darauf an, daß die Bezeichnung ausreichend ist, um jeden Zweifel über die Identität der Person auszuschließen.

Nr. 36.

Endurteil des II. Senats vom 5. Juni 1895 Entsch. Bd. XXVIII S. 22.

Es widerspricht nicht den §§ 13, 18, 21 der Städteordnung vom 30. Mai 1853, wenn die Erneuerung einer aus 24 Mitgliedern bestehenden Stadtverordnetenversammlung in der Weise geschieht, daß zweimal hintereinander von den Gewählten

der I. Abteilung je 3 }
der II. Abteilung je 2 } 8
der III. Abteilung je 3 }

das dritte Mal aber von denen

der I. Abteilung je 2 }
der II. Abteilung je 4 } 8
der III. Abteilung je 2 }

ausscheiden, und daß die Neuwahlen von denselben Abteilungen vorgenommen werden, welche die betreffenden ausscheidenden Mitglieder gewählt haben.

Nr. 37.

Endurteil des II. Senats vom 10. Juli 1895 Entsch. Bd. XXVIII S. 25.

Nach Art. I Nr. 3 Ges. v. 1. März 1891 (G. S. S. 20) soll bei der Verbindung von Stadtverordnetenersatz- mit den Ergänzungswahlen die Abgabe der Stimmen für die eine und für die andere Wahl zwar „getrennt" geschehen; das Gesetz giebt aber nicht an, in welcher Weise die Trennung geschehen soll. Man muß daher jede Trennung, wodurch ein Zweifel, auf welche Wahl die Stimmabgaben sich beziehen, ausgeschlossen wird, für genügend erachten und das Nähere dem pflichtmäßigen Ermessen des Wahlvorstandes überlassen.

Nr. 38.

Endurteil des II. Senats vom 30. Oktober 1895 Entsch. Bd. XXVIII S. 29.

Ob die von Oertel in dessen Städteordnung (II. Aufl. S. 132, 133) und von den Herausgebern des von Brauchitsch'schen Kommentars zu den neuen Verwaltungsgesetzen (Bd. III, 4te Bearbeitung, S. 27) vertretene Ansicht, daß der § 9b des Gesetzes vom 25. Mai 1873 (G. S. S. 213) durch den § 85 des Einkommensteuergesetzes aufgehoben und durch den § 77 desselben ersetzt worden, zutreffend ist, unterliegt nicht unerheblichen Bedenken.

Nr. 39.

Endurteil des II. Senats vom 23. November 1895 (Entsch. Bd. XXVIII S. 36.

Wenn der § 35 der Städteordnung für Schleswig-Holstein vom 14. April 1869 anordnet, daß die Hälfte der Stadtverordneten aus Besitzern eines zum Stadtbezirk gehörigen Hauses bestehen muß, so sind unter solchen Hausbesitzern lediglich die Besitzer eines Wohnhauses zu verstehen.

E. Besondere Angelegenheiten der Stadtgemeinden.

(Einzuschalten auf Seite 21 des Ergänzungsbandes 1894).

Nr. 5.

Bescheid des II. Senats vom 8. Juni 1895 (Entsch. Bd. XXVIII S. 6).

Bei dem Ausscheiden großer Städte aus dem Kreisverbande ist den Beteiligten eine Klage nur insoweit gegeben, als der Bezirksausschuß als Beschlußbehörde über die Auseinandersetzung eine sachliche Vorab-Entscheidung getroffen, also den etwa von der ausscheidenden Stadt zu übernehmenden Anteil an dem gemeinsamen Aktiv- und Passivvermögen des bisherigen Kreises, sowie an fortdauernden Leistungen zu gemeinsamen Zwecken der beiden neuen Kreise bestimmt hat. (Zust.-Ges. vom 1. August 1883 § 2, Kreisordnung für die Provinz Westfalen vom 31. Juli 1886 § 4).

IV. Amtsverbände.

(Einzuschalten auf Seite 23 des Ergänzungsbandes 1894).

Nr. 21.

Endurteil des I. Senats vom 18. Januar 1895 (Entsch, Bd. XXVII S. 12).

1) Die Klage auf Gültigkeit oder Ungültigkeit von Kommunalwahlen steht dem Einsprechenden, den Gewählten, sowie der Vertretung und dem Vorstande desjenigen Kommunalverbandes zu, dessen Organe durch die Wahl gebildet werden, nicht aber dem Wahlvorstande oder dem Wahlkörper, welcher die Wahl vollzogen hat.

2) Die nach § 30 der Landgemeindeordnung für die Provinz Westfalen vom 19. März 1856 (G. S. S. 265) zu Gemeindeverordneten nicht wählbaren Personen dürfen auch nicht zu Amtsverordneten gewählt werden (§ 75 a. a. O. und § 24 der Kreisordnung für die Provinz Westfalen i. G. S. S. 217).

Nr. 22.

Entscheidung des I. Senats vom 19. Februar 1895 (Entsch. Bd. XXVII S. 8).

1) Ist der in einem Verwaltungsstreitverfahren unterliegende Teil eine öffentliche Behörde, z. B. ein Amtsvorsteher, so fallen die Kosten gemäß § 107 Nr. 1 des Landesverwaltungsgesetzes demjenigen zur Last, der nach gesetzlicher Bestimmung die Amtsunkosten dieser Behörde zu tragen hat.

2) Die Kosten der Amtsverwaltung trägt mit der im § 70 Abs. 4 der Kreisordnung gedachten Maßgabe das Amt.

3) Jeder Verband hat außer dem von ihm selbst festgesetzten Aufwande zur Erhaltung seines eigenen Amtsvorstehers (§ 69 Kreis-Ord.) — nur die durch Verwaltung seiner eigenen Angelegenheiten verwachsenden sachlichen Kosten zu bestreiten, nicht aber auch diejenigen, welche seinem Amtsvorsteher aus der diesem auftrags- oder vertretungsweise übertragenen Verwaltung der Angelegenheiten fremder Amtsbezirke entstehen.

4) Wird gemäß § 61 der Kreisordnung ein Amtsvorsteher mit der Regelung einer mehreren Amtsbezirken gemeinsamen Angelegenheit beauftragt so erledigt er die Geschäfte der Amtsverwaltung nicht nur seines eigenen, sondern auch die der anderen Amtsbezirke. Die durch oder infolge seiner Geschäftsführung entstehenden Kosten (auch die dem Amtsvorsteher etwa auferlegten Kosten eines Verwaltungsstreitverfahrens) sind solche der Amtsverwaltung der mehreren Verbände und von diesen anteilsweise zu tragen.

5) Für die Verteilung der Kosten auf die beteiligten Verbände kommen die Grundsätze der §§ 8 und 2 Tit. 17 Teil I A.-L.-R. über zufällig entstandene Gemeinschaften zur Anwendung, so daß mangels anderweiter Anhaltspunkte die Anteile gleich zu bemessen sind.

6) Es liegt im öffentlichen Interesse, daß der die Polizei handhabenden Behörde die Mittel zur Führung dieser Verwaltung von dem nach öffentlichen Recht verpflichteten rechtzeitig gewährt oder sofort erstattet werden; daher ist auch die zuständige Aufsichtsbehörde befugt, die bezügliche Pflicht gegen die Amtsverbände vorläufig und unbeschadet der Beschreitung des etwa zulässigen Rechtsweges festzustellen und nötigenfalls gemäß § 72 der Kreisordnung zu erzwingen.

V.

Landgemeinden und Gutsbezirke.

A. Gemeindeabgaben und Dienste, Gemeindevermögen.

(Einzuschalten auf Seite 25 des Ergänzungsbandes 1894.)

Nr. 138.

Endurteil des II. Senats vom 7. November 1894 (Entsch. Bd. XXVII S. 112).

Ein als Forense zur Kommunalsteuer herangezogener Haushaltungsvorstand hat gegenüber der Forensalgemeinde keinen Anspruch auf den im § 18 des Einkommensteuergesetzes vom 24. Juni 1891 gedachten Abzug von

50 Mk. von dem steuerpflichtigen Einkommen für jedes nicht nach § 11 selbständig zu veranlagende Familienglied unter 14 Jahren. (Jetzt § 51 des Kommunalabgabengesetzes vom 14. Juli 1893 zu vergleichen.)

Nr. 139.

Endurteil des I. Senats vom 13. November 1894 (Entsch. Bd. XXVII S. 115).

1) Ein dahin gehender Gemeindebeschluß, daß das Defizit der Schulkassenrechnung, d. h. diejenigen Ausgaben für die Unterhaltung der katholischen Ortsschule, welche durch deren eigene Einnahmen nicht gedeckt werden, aus Mitteln der politischen Gemeinde bestritten werden sollen, enthält nur die Uebernahme einer dauernden Leistung im Sinne des § 42 Nr. 6 der Hannoverschen Landgemeindeordnung vom 28. April 1859, und die daran geknüpfte Vorschrift, daß die nicht zum Schulverbande der katholischen Ortsschule gehörigen Einwohner mit Beiträgen zu der neu übernommenen Last nicht herangezogen werden sollen, enthält nur eine Aenderung der bestehenden Abgabenverfassung dahin, daß die auswärts Eingeschulten mit Rücksicht auf ihre anderweite Heranziehung zu Schulbeiträgen bei den Gemeindeabgaben minder belastet werden sollen. In keinem von beiden Teilen des Beschlusses ist daher die Einführung einer neuen Steuer zu finden; ebensowenig ist durch die Einführung einer Minderbelastung die sonst auf dem System der Erhebung von Zuschlägen zu den Staatssteuern beruhenden Gemeindeabgabe zu einer „besonderen direkten Steuer“ im Sinne des § 31 Abs. 4 des Zuständigkeitsgesetzes vom 1. August 1883 geworden.

2) Im § 16 der Landgemeindeordnung vom 3. Juli 1891 und im § 20 des Kommunalabgabengesetzs vom 14. Juli 1893, denen die Nr. 3 des § 50 der Ausführungsbekanntmachung zur Hannoverschen Landgemeindeordnung vom 28. April 1859 entspricht, ist die Befugnis zur Mehr- oder Minderbelastung einzelner Klassen der Gemeindeangehörigen als eine selbständige, von der zur Einführung besonderer Steuern verschiedene gegeben, und die Ausübung jener Befugniß ist nicht an die Zustimmung der Minister des Innern und der Finanzen gebunden, sondern nur von der Genehmigung des Kreis- bezw. Bezirksausschusses abhängig gemacht (§ 19 der Landgemeindeordnung vom 3. Juli 1891, § 77 des Kommunalabgabengesetzes vom 14. Juli 1892).

Nr. 140.

Endurteil des II. Senats vom 23. Januar 1895 (Entsch. Bd. XXVII S. 107).

1) Vergl. Nr. 108 und 121 V. A.) Die Kommunalaufsichtsbehörde ist nicht berechtigt, ohne Antrag der Gemeinde die zum Vorteil der Gemeindekasse eingeführten Einkaufsgelder für den Erwerb des Teilnahmerechts an den Nutzungen des Gemeindevermögens wieder aufzuheben (§ 18

der Gemeindeordnung für die Rheinprovinz vom 23. Juli 1845 — G.-S. S. 523 —, § 28 der Instruktion, betreffend das Einkaufsgeld, vom 15. November 1847 — M.-Bl. d. i. V. S. 311 —).

2) Die den Verwaltungsgerichten im § 34 Abs. 1 Nr. 1 und Abs. 2 des Zuständigkeitsgesetzes vom 1. August 1883 verliehene Zuständigkeit, über das Recht zur Teilnahme an den Nutzungen des Gemeindevermögens zu entscheiden, erstreckt sich auch auf solche Klageanträge, welche auf Wiedererstattung angezahlter Einkaufsgelder und auf Entschädigung wegen Versagung der Teilnahme an jenen Nutzungen gerichtet sind.

Nr. 141.

Endurteil des I. Senats vom 26. April 1895 (Entsch. Bd. XXVIII S. 111).

Die Ansicht, daß als regelmäßige jährliche Absetzungen im Sinne des § 9 I 5 des Einkommensteuergesetzes vom 24. Juni 1891 nur diejenigen angesehen werden können, welche der Steuerpflichtige thatsächlich in seinen Büchern vorgenommen habe, entspricht nicht dem bestehenden Recht. Der Rechtsgrund für die Berücksichtigung dieser Abschreibungen ist nicht ihre Buchung, sondern die Wertverminderung, welche Gebäude, Maschinen- und Betriebsgerätschaften durch die Abnutzung erleiden.

Nr. 142.

Endurteil des I. Senats vom 7. Mai 1895 (Entsch. Bd. XXVIII S. 119).

1) In der Kurmark Brandenburg werden die vor dem Jahre 1624 eingezogenen und in dem Kataster nicht mehr als steuerbare bäuerliche Stellen verzeichneten Höfe als dem Rittersitze einverleibt angesehen und sind von allen Gemeindelasten frei, insofern nicht durch Observanz oder sonst rechtsgültige Art etwas Anderes festgesetzt ist.

2) Ein Streit über die Gemeindeabgabenpflicht selbst ist gemäß § 38 der Landgemeindeordnung vom 3. Juli 1891 zum Austrag zu bringen. Eine Regelung im Wege einer billigen Ausgleichung (§ 28 a. a. O.) tritt nur bei unstreitiger Gemeindeabgabenpflicht ein.

Nr. 143.

Endurteil des II. Senats vom 8. Mai 1895 (Entsch. Bd. XXVIII S. 123).

Kommunal-Abgaben sind von dem steuerpflichtigen Einkommen nicht abziehbar.

Nr. 144.

Endurteil des I. Senats vom 14. Mai 1895 (Entsch. Bd. XXVIII S. 116).

Einem Censiten, welcher gegen seine Steuerveranlagung mit Erfolg die gegebenen Rechtsmittel eingelegt hat, steht kein Anspruch auf Zinsen von dem ihm zurückzuzahlenden Steuerbetrage zu.

Nr. 145.

Endurteil des II. Senats vom 15. Mai 1895 (Entsch. Bd. XXVIII S. 128).

Wenn zufolge von Beschlüssen einzelner Gemeindevertretungen oder zufolge der örtlichen Lage einer Anstalt, z. B. einer gemeinschaftlich zu unterhaltenden Brücke, einige, aber nicht alle Gemeinden einer rheinischen Bürgermeisterei bei einer und derselben Angelegenheit beteiligt sind, so hat über die Verteilung der Kosten dieser Angelegenheit auf die einzelnen Gemeinden nicht die Bürgermeistereiversammlung zu beschließen, sondern es haben die Gemeinderäthe der beteiligten Gemeinden sich zunächst über den Kostenanteil, welchen jede Gemeinde übernehmen will, schlüssig zu machen. Gelangen sie hierbei zu einem Einverständnis, so ist die Sache erledigt. Wenn nicht, so wird über die obwaltende Streitigkeit in dem durch § 56 des Zust.-Ges. vorgesehenen Wege zu entscheiden sein.

C. Grenzen der Gemeinden und Gutsbezirke.

(Einzuschalten auf Seite 26 des Ergänzungsbandes 1894.)

Nr. 40.

Endurteil des I. Senats vom 28. September 1894 (Entsch. Bd. XXVII S. 160).

Ein nach § 5 Abs. 2 der Landgemeindeordnung für die Provinz Westfalen vom 19. März 1856 gebildeter besonderer Verband für einzelne bestimmte Angelegenheiten, bei welchen mehr als eine, aber nicht alle Einzelgemeinden eines Amts ein gemeinschaftliches Interesse haben, besitzt keine Corporationsrechte.

Nr. 41.

Endurteil des I. Senats vom 30. Oktober 1894 (Entsch. Bd. XXVII S. 119).

In der Entscheidung des Oberverwaltungsgerichts vom 28. Oktober 1891 (Entsch. Bd. XXII S. 108) — Nr. 37 V C dieses Werkes — ist angenommen, daß die Gutsherren in der ehemals Königlich Sächsischen Oberlausitz berechtigt gewesen wären, die vom Gute zu lassitischen Rechten an Erbunterthanen ausgethanen Bauerstellen einzuziehen, ja selbst die Bauern wider ihren Willen auszukaufen, das betreffende Land mit dem Rittergute zu vereinigen und es damit aus dem Gemeindeverbande auszuscheiden. Die Ausübung dieses „Auskaufrechts" hat jedoch das Ausscheiden der ausgekauften Höfe aus dem Gemeindeverbande dann nicht zur Folge, wenn der seit alter Zeit forterhaltene Zusammenhang beider durch sichere Thatsachen festgestellt ist. Dies trifft da zu, wo die auf die ausgekauften Höfe entfallenden Gemeindeabgaben fortdauernd entrichtet worden sind.

E. Gemeindewahlen.

(Einzuschalten auf Seite 30 des Ergänzungsbandes 1894.)

Nr. 38.

Endurteil des II. Senats vom 17. November 1894 (Entsch. Bd. XXVII. S. 100.)

Wenn bei der Feststellung der Zahl der zu wählenden Gemeindeverordneten (§ 47 Abs. 1 der Gemeindeordnung für die Rheinprovinz vom 23. Juli 1845) die Zahl der Einwohner der Gemeinde mangels eines anderen Anhalts nach dem Ergebnisse der letzten Volkszählung ermittelt worden, so ist hiergegen um so weniger etwas zu erinnern, als die neuere Gesetzgebung für ähnliche Fälle die Ergebnisse der Volkszählung geradezu für maßgebend erklärt.

Nr. 39.

Endurteil des II. Senats vom 2. März 1895 (Entsch. Bd. XXVII. S. 93.)

Bei Bildung der Wählerabteilungen für die Wahlen zur Gemeindevertretung nach Maßgabe der von den Urwählern zu entrichtenden Staats- pp. Steuern sind im Geltungsgebiet der Gemeindeordnung für die Rheinprovinz vom 23. Juli 1845 (G. S. S. 523) mit Rücksicht auf die §§ 1 und 5 Ges., betreffend die Aenderung des Wahlverfahrens vom 29. Juni 1893 (G. S. S. 103) auch diejenigen Grund- und Gebäudesteuern — bezw. die darauf ausgeschriebenen Kommunalzuschläge — zu berücksichtigen, welche von den außer den gewählten Gemeindeverordneten dem Gemeinderate zufolge ihres Grundbesitzes angehörigen Personen (§ 46 der Gem.-Ord. f. d. Rheinprovinz), von den sogenannten geborenen Gemeinderatsmitgliedern, entrichtet werden.

Nr. 40.

Endurteil des II. Senats vom 9. Oktober 1895 (Entsch. Bd. XXVIII. S. 137.)

Nach § 15 Nr. 3 litt. a. der Landgemeindeordnung für die Provinz Westfalen vom 19. März 1856 sind zur Teilnahme an den öffentlichen Geschäften der Gemeinde namentlich diejenigen berechtigt, welche — abgesehen von anderen, hier nicht in Frage kommenden Erfordernissen — in dem Gemeindebezirk mit einem Wohnhause angesessen sind und von ihren daselbst belegenen Grundbesitzungen einen Hauptgrundsteuerbetrag von mindestens zwei Thalern entrichten. Es sind hier solche Personen gemeint, welche nicht ihren Wohnsitz in der Gemeinde zu haben brauchen. Diese sind stimmberechtigte Gemeindeglieder und berechtigt, ihr Stimmrecht *persönlich* — ohne Vermittlung eines Stellvertreters — auszuüben.

Nr. 41.

Endurteil des I. Senats vom 11. Oktober 1895 (Entsch. Bd. XXVIII S. 97).

1) Nach § 66 Nr. 1 der Landgemeindeordnung vom 3. Juli 1891 hat die Gemeindevertretung oder, wo eine solche nicht besteht, der Gemeindevorsteher nicht nur auf Beschwerden und Einsprüche, betreffend die Zugehörigkeit zu einer bestimmten Klasse der Stimmberechtigten, sondern auch über die Richtigkeit der Wählerliste zu beschließen, wenn gegen diese Einspruch erhoben ist. Folglich ist eine Klage aus § 67 a. a. O. nicht unzulässig, wenn auch der Kläger bei Berichtigung des Steuersolls nach Maßgabe seines Antrages in derselben Wahlabteilung verbleiben würde.

2) Nach § 50 a. a. O. sollen zum Zweck der Wahlen der Gemeindeverordneten die sämmtlichen Stimmberechtigten einer Landgemeinde nach Maßgabe der von ihnen zu entrichtenden direkten Steuern in drei Klassen geteilt werden. Hierbei sollen jedoch diejenigen Steuern nicht in Betracht kommen, welche für Grundbesitz oder Gewerbebetrieb in einer anderen Gemeinde entrichtet werden. Diese Bestimmung ist durch den § 5 Ges. v. 29. Juni 1893, betreffend Aenderung des Wahlverfahrens, nicht aufgehoben.

3) Zu den Steuern für Grundbesitz oder Gewerbebetrieb sind nicht nur die vom Grundbesitz oder Gewerbebetrieb zu entrichtenden Realsteuern, sondern auch die vom Einkommen aus diesen Quellen zu entrichtenden persönlichen Abgaben zu rechnen.

F. Rechte und Pflichten des Gemeindevorstehers und der Schöffen.

(Einzuschalten auf Seite 271 des Stammwerkes.)

Nr. 5.

Endurteil des I. Senats vom 7. Dezember 1894 (Entsch. Bd. XXVII S. 87).

1) Die Beanstandung von Beschlüssen der Gemeindeversammlung u. s. w. (§ 140 der Landgemeindeordnung vom 3. Juli 1891) steht nur dem Gemeindevorsteher zu, nicht aber auch den durch den Beschluß in ihren Rechten verletzten Gemeindeangehörigen.

2) Der von dem Gemeindevorstande namens der Gemeinde mit einem Dritten geschlossene Vertrag (§ 56 Nr. 8 der Städteordnung für die östlichen Provinzen, § 88 Nr. 7 der Landgemeindeordnung vom 3. Juli 1891) bleibt voll wirksam, auch wenn der ihn vorbereitende Beschluß der Gemeindevertretung formell ungültig war, ja selbst, wenn der Vorstand versehentlich ohne jeden Gemeindebeschluß gehandelt hatte.

3) Die Beanstandung eines Gemeindebeschlusses hat zwar aufschiebende Wirkung, aber keine rückwirkende Kraft. Die Gültigkeit und die Rechtsfolgen

des auf Grund eines Gemeindebeschlusses zwischen der Gemeinde und einem Dritten bereits abgeschlossenen Vertrages werden durch die spätere Beanstandung des letzteren nicht beeinflußt.

G. Armenangelegenheiten.

(Einzuschalten auf Seite 30 des Ergänzungsbandes 1894).

Nr. 6.

Endurteil des I. **Senats vom 14. Mai 1895** (Entsch. Bd. XXVIII S. 142).

Der Art. I § 31c des Gesetzes vom 11. Juli 1891 (G. S. S. 300) hat die neue Klage zwischen Ortsarmenverband und Kreis nur über die Beihülfe zu den Pflegekosten hülfsbedürftiger Geisteskranker zugelassen, mag sie von jenem auf Gewährung der verweigerten oder von diesem auf Rückgewähr der zu Unrecht geleisteten Beihülfe erhoben werden. Wegen Erstattung sonstiger Ausgaben des Kreises für den Ortsarmenverband ist nur der ordentliche Rechtsweg gegeben.

H. Zwangsetatisierung.

Nr. 1.

Endurteil des I. **Senats vom 5. April 1895** (Entsch. Bd. XXVIII S. 107).

Die Kosten von Ermittelungen und Untersuchungen, deren die Polizeibehörde bedarf, um sich zu entscheiden, was im polizeilichen Interesse gefordert werden muß, mit welchen Mitteln es am zweckmäßigsten erreicht wird, und an wen die polizeilichen Anforderungen zu stellen sind, haben nicht die Natur von Ausgaben für Einrichtungen, welche zur Erreichung eines polizeimäßigen Zustandes dienen, sondern kennzeichnen sich als Kosten des unmittelbaren Dienstbetriebes der Polizeibehörde.

Zweite Abteilung.

Kultus, Schule und Personenstand.

VII.

Die Kirche.

(Einzuschalten auf Seite 32 des Ergänzungsbandes 1894.)

Nr. 15.

Endurteil des I. Senats vom 12. Juni 1894 (Entsch. Bd. XXVII S. 127).

1. Jede Kirchengemeinde hat in Ermangelung anderweiter Deckungsmittel für alle kirchlichen Bedürfnisse der betreffenden Gemeinde aufzukommen.

2. Von einem Bedürfnisse und der Rechtspflicht einer Kirchengemeinde zum Bau eines weiteren, als der bereits vorhandenen Pfarrhäuser kann erst dann die Rede sein, nachdem rechtsverbindlich feststeht, daß ein weiterer Pfarrer existiert, daß eine weitere Pfarrstelle errichtet ist.

3. Wenn auch der Zwangsetatisierung gegen Kirchengemeinden nicht ebenso, wie derjenigen gegen bürgerliche Gemeinden, die Festsetzung der Leistungspflicht in allen Fällen und unbedingt zeitlich vorausgehen muß, so läßt sich doch gerade bezüglich der Bauleistungen nicht ohne Grund behaupten, daß, da das Gesetz vom 6. Mai 1885, betreffend Aenderungen der Kirchenverfassung der evangelisch-lutherischen Kirche der Provinz Hannover, (G. S. S. 135) die „einstweilige Entscheidung in streitigen Bausachen" der Kirchenbehörde und deren „Vollstreckung" der Staatsbehörde zuweist, auch die im Wege der Zwangsetatisierung zu bewirkende Vollstreckung notwendig eine vorgängige Entscheidung (Feststellung) der Kirchenbehörde voraussetzt.

4. Es ist unzulässig, eine auf Jahre hinaus abzutragende Schuldverbindlichkeit anstatt einer in dem betreffenden Jahre zu leistenden, konkret zu beziffernden Ausgabe in den Jahresetat der Kirchengemeinde freiwillig einzutragen oder zwangsweise einstellen zu lassen, während allerdings nichts entgegensteht, daß bei dauernden oder doch über mehrere Jahre sich erstreckenden Leistungen (z. B. den Zins- und Tilgungsrenten einer Anleihe), deren jedesmalige Eintragung in jeden der zukünftigen Jahresetats von vornherein und ein für alle Mal verfügt wird.

5. Voraussetzung der Zwangsetatisierung gegen eine Kirchengemeinde ist ausdrückliches Einvernehmen der Staats- und der Kirchenbehörde.

Nr. 16.

Endurteil des I. Senats vom 15. Oktober 1895 — C. 42/45 — (Entsch. Bd. XXVIII S. 379).

1) Streitigkeiten über die Existenz, den Umfang und die rechtliche Natur der zu verteilenden Lasten und Abgaben unterliegen nach § 11 Ges.

vom 25. August 1876 der richterlichen Entscheidung im Civilprozeß. Das Verwaltungsstreitverfahren ist hierbei ausgeschlossen. Die Frage, ob Leistungen — Getreideabgabe an Pfarre und Küsterei — der Gutsherrschaft als solcher vermöge ihrer publizistischen Stellung obliegen oder eine auf dem Grundbesitze haftende Last darstellen, ist ein Streit über die rechtliche Natur dieser Abgabe.

2) Die vom Gemeindekirchenrat ausgehenden Urkunden müssen nach § 22 Abs. 2 der Kirchengemeinde- und Synodalordnung vom 10. Septbr. 1873 und Art. 2 Abs. 2 des Staatsgesetzes vom 25. Mai 1874 außer vom Vorsitzenden des Gemeindekirchenrats unter Beidrückung des Kirchensiegels noch von 2 Aeltesten vollzogen werden. Dies gilt auch von Verteilungsplänen einer Abgabe nach Maßgabe des Ges. vom 25. August 1876. Ein solcher Plan darf sich auch nicht auf die Ermittelung der Beiträge einzelner Pflichtiger beschränken, sondern muß notwendig die gesammte Verteilung enthalten, also die Beiträge aller Beteiligten aufführen.

3) Die Befugnis zur Verteilung einer Naturallast schließt die zur Umwandlung in eine Geldabgabe nicht in sich.

IX.

Die Schule.

B. Schulabgaben.

(Einzuschalten auf Seite 36 des Ergänzungsbandes 1894.)

Nr. 110.

Endurteil des I. Senats vom 22. Juni 1894 (Entsch. Bd. XXVII S. 158).

1) Vergl. Nr. 89 unter IX. B.

2) Nach der Schulordnung für die Provinz Preußen vom 11. Dezbr. 1845 hat der Anwohner auf gutsherrlichem Lande für mehr als für eine Schule nicht zu steuern, nämlich immer nur für diejenige Schule, welcher er angeschlossen worden ist, nicht aber auch für andere Schulen, zu welchen die einzelnen Teile des Gutsbezirks etwa gewiesen sind.

Nr. 111.

Endurteil des I. Senats vom 28. September 1894 (Entsch. Bd. XXVII S. 169).

Wenn mehrere Gemeinden unter einander vereinbart haben, anteilig Beiträge zur Unterhaltung einer Mittelschule zu leisten, so besteht wohl eine privatrechtliche Pflicht der einzelnen Gemeinde den anderen Gemeinden gegenüber,

jedoch keine öffentlich-rechtliche. Ueber die rechtliche Gültigkeit und die Wirkungen einer solchen Vereinbarung haben die Aufsichtsbehörden auch nicht interimistisch zu befinden.

Nr. 112.

Endurteil des I. Senats vom 19. Oktober 1894 (Entsch. Bd. XXVII S. 137).

1) Die Schulsozietäten haben das zur Schulunterhaltung Notwendige, darunter auch die Lehrerbesoldungen aufzubringen. Bei deren Weigerung war die Aufsichtsbehörde (§ 18 der Regierungsinstruktion vom 23. Oktober 1817) früher ausschließlich zuständig, die Rechtspflicht zu der bestrittenen Einzelleistung für die Sozietät verbindlich festzustellen, durch konstitutive Verfügung zu begründen. Diese Befugnis ist durch das Gesetz vom 26. Mai 1887 (G. S. S. 175) nicht allgemein, sondern nur bei denjenigen „Anforderungen, die durch neue oder erhöhte Leistungen der Unterhaltungspflichtigen zu gewähren und nach dem Ermessen der Behörde zu bestimmen sind, auf die Beschlußbehörden (Kreis- bezw. Bezirksausschuß) mit dem Hinzufügen übertragen, daß die Feststellung insbesondere mit Rücksicht auf das Schulbedürfnis und auf die Leistungsfähigkeit der Verpflichteten" zu erfolgen hat.

2) Die Zuständigkeit der Beschlußbehörden (Kreis- bezw. Bezirksausschuß) kann nicht verneint werden wegen der Unmöglichkeit, die Leistungsfähigkeit zu prüfen. Für die Zuständigkeit der Beschlußbehörden ist vielmehr lediglich maßgebend, daß es sich um „neue oder erhöhte Leistungen" handelt.

3) Wenn eine nach ihrem Betrage feststehende und der Schulsozietät rechtlich bereits obliegende Leistung bisher freiwillig und ohne Rechtsverbindlichkeit von einem Dritten ganz oder teilweise gezahlt wurde, und wenn dann infolge Einstellung dieser Zahlungen die Sozietät das Ganze auch thatsächlich zu zahlen hat, so kann die Anforderung dieses bisher von einem Dritten ganz oder teilweise befriedigten Aufwandes zu Lasten der Sozietät allerdings für diese weder eine „neue" noch eine „erhöhte" Leistung im Sinne des Gesetzes bilden.

4) Wenn die bisherige, der Sozietät rechtlich obliegende Leistung über den bis dahin festgestellten und — von der Schulsozietät oder freiwillig durch Dritte — aufgebrachten Betrag hinaus gesteigert werden soll, dann bildet der gesammte, der Schulsozietät rechtlich zur Last fallende Mehrbetrag — einerlei ob er von der Schulsozietät oder einem nicht pflichtigen Dritten thatsächlich aufgebracht wird — für die Sozietät die Anforderung keiner „erhöhten" Leistung.

Nr. 113.

Endurteil des I. Senats vom 19. Oktober 1894 (Entsch. Bd. XXVII S. 141).

Das Gesetz vom 26. Mai 1887 (G. S. S. 175), betreffend die Feststellung von Anforderungen für Volksschulen, bietet keinen Anhalt dafür, daß die Zuständigkeit der Beschlußbehörden auf sofort fällige Leistungen hätte beschränkt werden sollen.

Nr. 114.

Endurteil des I Senats vom 30. Oktober 1894 (Entsch. Bd. XXVII S. 154.)

1) In einer Gemeinde können mehrere Gutsherren vorhanden sein.

2) Wenn die Gemeinde A. unter der Gutsherrlichkeit des X. in die Gemeinde B. unter der Gutsherrlichkeit des Y eingemeindet wird, so behalten die zu einer Gemeinde vereinigten Territorien je nach ihrer bisherigen Begrenzung ihre bisherigen Gutsherren.

3) Was von der Eingemeindung zweier Gemeinden mit verschiedenen Gutsherren gilt, ist auch analog anzuwenden auf den Fall, wo es sich um die Eingemeindung eines Territoriums ohne Gutsherrn in eine der Gutsherrlichkeit (z. B. des Fiskus) unterstehende Gemeinde handelt. Jenes Territorium tritt nicht unter die Gutsherrlichkeit des Fiskus; die auf ihm wohnenden Personen werden nicht Hintersassen des Fiskus.

4) Die Verpflichtung des Fiskus zur Lieferung des Brennholzbedarfs der Schulen in Domänendörfern beruht, wie die Ueberschrift zu den §§ 44 bis 48 der preußischen Schulordnung vom 11. Dezember 1845 außer Zweifel stellt, lediglich auf dem gutsherrlichen Verhältnisse. Für andere als seine Hintersassen hat der Fiskus Brennmaterial nicht zu liefern.

Nr. 115.

Endurteil des I. Senats vom 27. November 1894 (Entsch. Bd. XXVII S. 147).

Der in Gemäßheit der Gesetze, betreffend die Erleichterung der Volksschullasten vom 14. Juni 1888 (G. S. S. 240) und 31. März 1889 (G. S. S. 64), an eine Schule mit mehreren Lehrerstellen gewährte Staatsbeitrag ist bei der Verrechnung auf die durch denselben zu deckenden Leistungen zu einer Summe zusammenzuziehen und als einheitliche Masse zu behandeln. Die Verwendung des Einzelbeitrages für eine bestimmte Stelle behufs ausschließlicher Entlastung der zu dieser Beitragspflichtigen ist unzulässig.

Nr. 116.

Endurteil des I. Senats vom 14. Dezember 1894 (Entsch. Bd. XXVII S. 142).

Die in dem Gesetz, betreffend die Feststellung von Anforderungen für Volksschulen, vom 26. Mai 1887 (G. S. S. 175) den Beschlußbehörden

(Kreis- bezw. Bezirksausschuß) eingeräumte Zuständigkeit erstreckt sich nicht auf solche Fälle, in denen lediglich die Anforderung gestellt wird, daß die bisherige Leistung dem Träger der Schullast (einer Schulsozietät) abzunehmen und der Stadt als deren neuem Träger aufzuerlegen sei.

Nr. 117.

Endurteil des I. Senats vom 12. März 1895 (Entsch. Bd. XXVIII. S. 147.)

1) Nach dem Gesetz vom 26. Mai 1887 (G. S. S. 175) darf die Anforderung und die Feststellung einer neuen oder erhöhten Leistung nur gegen den Schulunterhaltungspflichtigen, d. i. die Schulsozietät, den korporativen Verband, nicht aber gegen die diesem beitragspflichtigen Mitglieder gerichtet werden.

2) Für das Gebiet des Allgemeinen Landrechts ist unbedenklich einzuräumen, daß eine Gemeinde, nachdem mit Genehmigung der Schulaufsichtsbehörde die bisherige Sozietätsschule von jener freiwillig als eine Kommunalanstalt übernommen und damit die Sozietätsschule erloschen ist, auch außerhalb eines Zweck- oder Sozietätsverbandes schulunterhaltungspflichtig sein kann, sowie ferner, daß das Gleiche auch für eine Gemeinde gilt, die eine bisher nicht vorhandene Volksschule mit gleicher Genehmigung neu errichtet. Aber andererseits bleibt die Schulsozietät bestehen, und es tritt die einzelne oder es treten die mehreren Gemeinden nur an Stelle der ihr angehörigen Hausväter als beitragspflichtige Mitglieder in die Sozietät ein, wenn die Gemeinden an Stelle jener die Schullasten übernehmen.

3) Die Uebernahme der Schulunterhaltung seitens der politischen Gemeinden — sei es durch Errichtung von Kommunalanstalten, sei es durch Eintritt in die Sozietätspflicht der Hausväter — erfolgt lediglich praeter legem und kann daher nur durch freiwilligen Entschluß bewirkt werden. Die durch § 18k der Regierungsinstruktion vom 23. Oktober 1817 der Schulaufsichtsbehörde eingeräumte Befugnis, „Schulsozietäten einzurichten oder zu verteilen", erstreckt sich nur auf die Zuweisung von Hausvätern, nicht auf die von Gemeinden.

Nr. 118.

Endurteil des I. Senats vom 26. April 1895 (Entsch. Bd. XXVIII S. 163.)

1) Eine Korporation kann ihre Willenserklärung, durch welche Rechte für einen Dritten begründet werden sollten, so lange, als dies noch nicht geschehen ist, auch dann zurücknehmen, wenn der Korporationswille nicht lediglich durch ihr Organ, sondern durch dieses und die staatliche Aufsichtsbehörde bestimmt war.

2) Enthält der genehmigte Beschluß des Organs eine Aenderung der Korporationsverfassung, des objektiven Rechts, welches durch die Bekannt-

machung beider Akte in Geltung tritt, so werden durch diese Bekanntmachung die Rechte und Pflichten der Mitglieder gegenüber der Korporation bereits geändert; daher ist dann das Korporationsorgan zum einseitigen Widerrufe der bereits verwirklichten Verfassungsänderung dort nicht mehr berechtigt, wo es zu einer solchen der Staatsgenehmigung bedarf.

Nr. 119.

Endurteil des I. **Senats vom 18. Juni 1895** (Entsch. Bd. XXVIII S. 169).

1) Im Geltungsgebiete des Allgemeinen Landrechts ist weder die konfessionelle, noch die paritätische Schule für obligatorisch erklärt, so daß die Verwaltung freie Hand hat, die eine oder die andere Art von Schulen einzurichten. Es dürfen indessen keine konfessions*losen* Schulen eingerichtet werden.

2) Regelmäßig hat das A. L. R. die Schulunterhaltung den Hausvätern des Bezirks, welche zu der Schule gewiesen sind, ohne Unterschied, ob sie Kinder haben oder nicht, und ohne Unterschied der Religion auferlegt, und daher einer aus eben jenen Hausvätern bestehenden Sozietät, nicht aber den Kommunalverbänden.

3) Die Verpflichtung einer Stadtgemeinde, neben den bestehenden Schulen der einen Konfession noch eine solche für die zweite neu zu errichten, kann dann nicht bestritten werden, wenn jener die Unterhaltung des gesammten Volksschulwesens, d. i. für *alle* Einwohner ihres Bezirks ohne Unterschied des Glaubens, obliegt.

C. Schulbauten.

(Einzuschalten auf Seite 38 des Ergänzungsbandes 1894).

Nr. 61.

Endurteil des I. **Senats vom 22. März 1895** (Entsch. Bd. XXVIII S. 157).

Da, wo die Schulbaulast nach § 37 II 12 A. L. R. dem Kirchenbaupflichtigen obliegt, können diese, somit subsidiär auch der *Patron* und die Eingepfarrten, der Pflicht zur Anmietung vorübergehend benötigter Räume sich nicht entziehen.

Nr. 62.

Endurteil des I. **Senats vom 9. April 1895** (Entsch. Bd. XXVIII S. 160).

Nach märkischem Provinzialrechte hat der Kirchenpatron nicht etwa blos Gegenstände, aus denen Baumaterialien hergestellt werden können, sondern die Baumaterialien selbst zu verabfolgen. Er hat daher auch die Kosten für das Ausgraben und Sprengen von Bausteinen zu tragen.

Dritte Abteilung.

Polizeiliche Angelegenheiten.

XIII.

Polizeiliche Verfügungen im allgemeinen, auch Zwangsmittel.

(Einzuschalten auf S. 43 des Ergänzungsbandes 1894).

Nr. 124.

Entscheidung des I. Senats vom 4. Januar 1895 (Entsch. Bd. XXVII S. 428).

1) Eine Lustbarkeit ist nur dann eine „nicht öffentliche", wenn die Beteiligung an ihr auf einen individuell bestimmten Kreis von Personen beschränkt, insbesondere also dann, wenn sie von einem Privaten ausschließlich für seine Privatgäste oder von einer geschlossenen Gesellschaft für deren Mitglieder oder für besonders eingeführte Gäste veranstaltet worden ist.

2) Lustbarkeiten, die von einem Verein veranstaltet werden, dessen Mitgliedschaft von jeder mindestens 16 jährigen Person ohne Ausnahme lediglich durch Zahlung von 15 Pfg. und ohne jeden weiteren Akt von Seiten des Vereins als der Aushändigung eines numerirten Statuts zur Legitimation erworben wird, sind als öffentliche anzusehen.

Nr. 125.

Entscheidung des I Senats vom 26. Februar 1895 (Entsch. Bd. XXVII S. 422).

Dem Grundstückseigentümer und nicht der Stadtgemeinde liegt die Verpflichtung ob, für gehörige Entwässerung des Grundstücks Sorge zu tragen. Nur der Grundstückseigentümer kann hierzu durch polizeiliche Zwangsmaßregeln angehalten werden.

Nr. 126.

Endurteil des III. Senats vom 6. Februar 1895 (Entsch. Bd. XXVIII S. 389).

1) Die Polizeibehörde ist auch befugt in gewissen Fällen statt des Eigentümers eines Grundstücks einen Dritten in Anspruch zu nehmen, wenn ihr bekannt ist, daß diesem die Ausübung der thatsächlichen und rechtlichen

Herrschaft seitens des Eigentümers übertragen ist. Der so in Anspruch Genommene hat event. nachzuweisen, daß der Umfang seiner Vertretungsbefugnisse nicht so weit gehe, um an Stelle des Eigentümers den polizeilichen Anforderungen zu genügen. Versäumt er dies, muß er als passiv legitimiert zu der angegriffenen Verfügung angesehen werden. Der Polizeibehörde steht auch die Befugnis zu, eine angedrohte Executivstrafe gegen diesen Dritten persönlich zu vollstrecken (§ 132² L. V. G.).

2) Können die von der Polizeibehörde verlangten Auflagen in verschiedener Form ausgeführt werden, wird zweckmäßig die Ausführung durch einen Dritten zu unterlassen und die Androhung einer Zwangsstrafe im Falle der Nichtausführung mehr am Platze sein, zumal dies der geringere Eingriff in die Rechtssphäre des Betroffenen ist.

3) Eine polizeiliche Verfügung muß in ihrer Anordnung bestimmt sein und enthalten, was zum Mindesten von ihr verlangt wird.

Nr. 127.

Endurteil des I. Senats vom 1. März 1895 (Entsch. Bd. XXVIII S. 396).

Das Reichsgesetz über das Impfwesen vom 8. April 1874, welches die ganze betreffende Materie zu regeln bestimmt ist, hat nach Maßgabe der Reichsverfassung alle, dieselbe Materie regelnden Landesgesetze aufgehoben . . . Das Reichsgesetz hat aber mehrfache Funktionen nicht den Gerichten, Impfärzten, Aerzten, Schulvorstehern &c., sondern lediglich der „zuständigen Behörde“ zugewiesen (§§ 3, 4, 7, 8, 13) und überhaupt die Bundesstaaten zum Erlaß von Ausführungsbestimmungen ermächtigt (§ 18 Abs. 2); es hat somit die Zuständigkeit der Landesbehörde und deren Befugnisse bei der Ausführung des Reichsgesetzes in keiner Weise selbst geregelt. Für beiderlei Materien bleibt daher das Landesgesetz vor wie nach maßgebend, sodaß — da die reichsgesetzlichen Vorschriften auf die Abwendung von Gefahren für Leben und Gesundheit abzielen — in Preußen die Ortspolizeibehörden zu den diesen Vorschriften entsprechenden Anordnungen zuständig geblieben und zugleich befugt sind, zu deren Durchsetzung die landesgesetzlichen Zwangsmittel, daher diejenigen des § 132 des Landesverwaltungsgesetzes und den unmittelbaren Zwang durch event. Vorführung der Impflinge sowohl der Erwachsenen wie der Kinder anzuwenden. Sollten ihre Befugnisse gemindert oder ausgeschlossen werden, so hätte dies durch das Reichsgesetz ausgesprochen werden müssen. Dieses läßt jedoch, während es auf landesgesetzliche Ausführungsbestimmungen ausdrücklich verweist, in seiner Wortfassung jede, auch die entfernteste bezügliche Andeutung vermissen.

Nr. 128.

Endurteil des IV. Senats vom 29. Juni 1895 (Entsch. Bd. XXVIII S. 401).

1) Werden einem Stadtbezirk angrenzende ländliche Ortschaften zur polizeilichen Verwaltung mit übertragen, so sind die von dem städtischen Polizeiverwalter ergehenden Verfügungen in allen Fällen, mögen sie sich auf Einwohner oder Grundstücke in der Stadt oder auf solche in den zugelegten Ortschaften beziehen, Verfügungen der städtischen Ortspolizeibehörde. Hieraus erfolgt, daß etwaige Beschwerden oder Klagen gegen eine solche Verfügung, wenn sie von einem Polizeiverwalter einer Stadt über 10000 Einwohner erlassen ist, nicht beim Landrat oder Kreisausschuß, sondern beim Regierungs-Präsidenten oder Bezirks-Ausschuß anzubringen sind.

2) Wird auf Grund eines ärztlichen Gutachtens das Bewohnen feuchter Zimmer, d. h. der dauernde Aufenthalt von Menschen in denselben, für gesundheitsschädlich erklärt, kann nur die Benutzung dieser Räume verboten und die Befolgung des Verbots gesichert werden. Hierzu gehört aber nicht das Verlangen der Räumung des Mobiliars aus demselben. Dies hat die Polizei den Beteiligten, d. h. Hausbesitzer und Mieter zu überlassen, Streitigkeiten, welche unter sich über den weiteren Verbleib des Mobiliars des letzteren evt. vor dem Zivilgerichte zum Austrag zu bringen sind.

Nr. 129.

Endurteil des IV. Senats vom 10. Juli 1895 (Entsch. Bd. XXVIII S. 354).

1) Die Polizeibehörde kann durch Polizeiverordnung die Grundstücksbesitzer zur Entnahme des Wassers aus der Wasserleitung und zum Anschluß an die städtischen Abzugskanäle zwingen. Der mit diesen Einrichtungen erstrebte Zweck kann vollständig und sicher nur bei einer allgemeinen Durchführung der Maßregel erreicht werden. Deshalb ist die Polizei befugt, einen allgemeinen Zwang einzuführen und alle bebauten Grundstücke der Anschlußpflicht zu unterwerfen, gleichviel ob bei einem oder dem andern vielleicht die Wasserentnahme oder Entwässerung ohne Gefährdung sonstiger polizeilicher Interessen in anderer Weise bisher bewirkt worden oder fernerhin bewirkt werden könnte. Nur durch Ortsstatut darf ein solcher Zwang nicht eingeführt werden. (§ 10 Tit. 17 T. II A. R. R. und § 6 pos. b und g des Gesetzes über die Polizeiverwaltung vom 11. März 1850).

2) Hat nach einer solchen Polizei-Verordnung der Anschlußzwang „auf Verlangen der Polizeiverwaltung“ zu geschehen, so sind diese Worte nur dahin zu verstehen, daß die Herstellung der Anschlüsse erst auf besondere an jeden einzelnen Eigentümer gerichtete Aufforderung der Polizei zu erfolgen hat, diese Aufforderung auch thatsächlich unter gleichen Verhältnissen allgemein ergeht und der Erlaß nicht in dem Belieben der Polizei steht.

XIV.

Die Jagd.

B. Jagdbezirk und Jagdverpachtung.

(Einzuschalten auf Seite 45 des Ergänzungsbandes 1894).

Nr. 43.

Endurteil des III. **Senats vom 19. September 1895** (Entsch. Bd. XXVIII S. 312).

1) Die nach § 5 des Jagdpolizeigesetzes vom 7. März 1850 in Betracht kommende isolierte Lage eines Hofes ist ganz unabhängig von den Rechtsverhältnissen, in denen der Hof, die ihn umgebenden Grundstücke und die benachbarten Höfe bezüglich ihrer Gemeindezugehörigkeit stehen, sie ist rein thatsächlicher Natur, bedingt durch die geographische Lage des Hofes zu anderen Höfen, ihre gegenseitige Erreichbarkeit 2c. 2c.

2) Ist ein Hof „isoliert“, dann kann auch die Ausschließung solcher den Hof umgebenden Grundstücke verlangt werden, obwohl sie nicht in demselben Gemeindebezirk liegen, wie der Hof selbst. Die Rechtswirkung des § 7 ist also auch nicht auf den Gemeindebezirk beschränkt, in dem der Hof belegen ist.

Nr. 44.

Endurteil des III. **Senats vom 28. Februar 1895** (Entsch. Bd. XXVIII S. 316).

Bei der Vereinigung mehrerer Grundstücke in einem Gemeindebezirk zu einem gemeinschaftlichen Jagdbezirk im Sinne des § 4 des Jagdpolizeigesetzes vom 7. März 1850 wird eine Zwangsgenossenschaft des öffentlichen Rechts gebildet, welche mit juristischer Persönlichkeit ausgestattet ist, aber rechtlich mit der politischen Gemeinde nicht zusammenfällt. Diese Genossenschaft wird nach außen gemäß § 9 l. c. durch die Gemeindebehörde vertreten; die letztere kann daher namens der Zwangsgenossenschaft Rechte erwerben, Verbindlichkeiten eingehen, vor den ordentlichen Gerichten und Verwaltungsgerichten klagen und verklagt werden. Insbesondere liegt der Gemeindebehörde ob: Die Verwaltung der gemeinschaftlichen Jagd (§ 10 a. a. O.), Verpachtung der Jagd, Bestellung eines Jägers im Falle der Selbstadministration, die Verteilung der Jagdpachtgelder (§ 11 a. a. O.), die Ersatzleistung für Wildschäden (§§ 2. ff. des Wildschadengesetzes vom 11. Juli 1891) u. s. w. Die Genossenschaft hört auf, sobald nicht mehr die Grundstücke vorhanden sind, die unter § 4 a. a. O. fallen. Wer zur Genossenschaft gehört, wird nach öffentlich-rechtlichen Grundsätzen in den Formen des § 105 Zust.-Ges. von den Verwaltungsgerichten entschieden.

Mit der Begründung einer Genossenschaft oder mit dem Zutritt eines Grundstücks zur Genossenschaft erlischt das Recht des einzelnen Besitzers auf Ausübung des Jagdrechts kraft Gesetzes so lange, als das Grundstück zur Genossenschaft gehört. Verpachtet die Genossenschaft durch ihr Organ — Gemeindebehörde — die Jagd auf den genossenschaftlichen Grundstücken, so überläßt sie ein ihr selbst zustehendes Recht auf Jagdnutzung dem Pächter, handelt dabei aber nicht als Vertreterin der Besitzer der betreffenden Grundstücke, deshalb kann dieselbe auch die Besitzer mit der Jagdverpachtung nicht binden. Hört das Recht der Genossenschaft auf Ausübung der Jagd auf, endet auch damit das aus dem Rechte der Genossenschaft abgeleitete Recht des Jagdpächters (resoluto iure dantis resolvitur ius accipientis).

Nr. 45.

Endurteil des III. Senats vom 18. März 1895 (Entsch. Bd. XXVIII S. 319.)

Ist ein Lehrer Nießbraucher des Schulhauses, hat er auch statt des Eigentumes die Nutzung der Jagd auf dem ihm zum Nießbrauch überlassenen Grundstücke zu beziehen, würde auch, wenn die zum Nießbrauch überlassenen Grundstücke zu den im § 2 litt. a, b, c des Jagdpolizeigesetzes benannten gehörten, zur eigenen Ausübung der Jagd auf ihnen berechtigt sein. Daraus folgt, daß in den Fällen, wo die Ausübung des Jagdrechts auf den gemeinschaftlichen Jagdbezirk übergeht (§ 4) und der Jagdberechtigte nur einen Anspruch auf die Jagderträge hat (§§ 10, 11), dieser Anspruch nicht von dem Eigentümer, sondern von dem Nießbraucher geltend zu machen ist. (§ 106 Zust.=Ges.)

XV.

Waldschutz.

(Einzuschalten auf Seite 401 des Stammwerkes.)

Nr. 4.

Endurteil des I. Senats vom 10. Juli 1894 und 11. Januar 1895 (Entsch. Bd. XXVII S. 297.)

1) Auf eine Bürgerforst, welche „Bürgervermögen" im Sinne der Deklaration vom 26. Juli 1847 (G. S. S. 327) bildet, daher im Eigentume der Stadt und nicht im gemeinschaftlichen Eigentume der Bürger steht, findet nicht das Gesetz vom 14. März 1881 (G. S. S. 261), sondern ausschließlich dasjenige vom 14. August 1876 (G. S. S. 373) Anwendung.

2) Nach § 7 des Gesetzes vom 14. August 1876 sind die Gemeinden verpflichtet, für den Schutz und die Bewirtschaftung ihrer Holzungen durch genügend befähigte Personen ausreichende Fürsorge zu treffen. Darunter

sind nach den Motiven — neben den Organen für Forstschutz und Beaufsichtigung der Waldarbeiten — in Waldungen von einiger Ausdehnung auch ausgebildete Sachverständige für die eigentlichen Betriebsgeschäfte zu verstehen. Der Grad der wissenschaftlichen Qualifikation dieser Sachverständigen ist schließlich und ausschlaggebend dem pflichtmäßigen Ermessen des Regierungspräsidenten überlassen (§ 12 der Ausführungsinstruktion vom 21. Juni 1877, M. Bl. d. i. V. S. 259). Der erforderte Nachweis eines gewissen Grades theoretischer Ausbildung (z. B. des bestandenen Oberförsterexamens) für den städtischen Forstverwalter widerstreitet daher an sich nicht dem bestehenden Rechte.

3) Die Auswahl des Forstpersonals einschließlich der Bestimmung darüber, ob eigenes anzunehmen oder fremdes mitzubenutzen, ist dem Waldeigentümer überlassen. Wenn dieser jedoch den ihm nach § 7 a. a. O. obliegenden Verpflichtungen nicht nachkommt, ist die Forstaufsichtsbehörde berechtigt, einem Dritten den Schutz und die Pflege des Waldes auf Rechnung des Eigentümers und unter dem Aufwande der von ihr zu bestimmenden Kosten zu übertragen.

4) Die Vorschriften des § 11 a. a. O. sind, wenngleich in einem Spezialgesetze wiederholt, doch allgemeine Regeln und sind durch die Aenderung dieser, wie eine solche durch die §§ 127, 133 L. V. G. erfolgte, mit geändert worden. Die Bestimmung des § 11 Nr. 3 ist daher beseitigt.

XVI.

Die Fischerei.

(Einzuschalten auf Seite 45 des Ergänzungsbandes 1894.)

Nr. 9.

Endurteil des III. Senats vom 18. Februar 1895 (Entsch. Bd. XXVII S. 292).

1) Unter der Aufsichtsbehörde im § 16 des Fischereigesetzes vom 30. Mai 1874 sind die Ortspolizeibehörden und da, wo die Verwaltung der Fischereipolizei besonderen staatlichen Beamten, den Oberfischmeistern, übertragen ist, die letzteren zu verstehen. Wird von diesen Behörden die Erteilung der Bescheinigung versagt, so sind gegen die Verfügung die Rechtsmittel nach den §§ 127 ff. des Landesverwaltungsgesetzes zulässig.

2) Die Vorstände von Fischereigenossenschaften sind nur Organe der Ortspolizeibehörden bezw. der Oberfischmeister. Sie nehmen diesen gegenüber dieselbe Stellung ein, wie die Gemeinde- und Gutsvorsteher gegenüber dem Amtsvorsteher, oder wie die Polizei-Reviervorstände gegenüber einer Polizei-

Direktion. Die polizeiliche Aktion der Vorstände der Fischereigenossenschaften muß daher, so lange sie nicht von der Ortspolizeibehörde oder dem Oberfischmeister reprobiert wird, als deren eigene Aktion gelten und mit den gegen die eigenen Verfügungen dieser Behörden gegebenen Rechtsbehelfen angegriffen werden können, dergestalt, daß die Klage (§ 127 Abs. 3, § 134 des Landesverwaltungsgesetzes) gegen eine Verfügung des Fischereigenossenschafts-Vorstandes sich gegen die Ortspolizeibehörde oder den Oberfischmeister zu richten hat.

3) Die im § 16 des Fischereigesetzes gedachte Erteilung der Bescheinigung über die Anmeldung des beabsichtigten Fischereibetriebes ist kein Akt der Verwaltung der Korporationsangelegenheiten, sondern eine polizeiliche Funktion; der § 100 Abs. 1 des Zuständigkeitsgesetzes greift daher hier nicht Platz.

4) Bei dem Antrag auf mündliche Verhandlung (§ 100 Abs. 2 a. a. O.) ist ein Kommissar zur Wahrnehmung des öffentlichen Interesses zu bestellen.

Nr. 10.

Endurteil des III. Senats vom 25. Febr. 1895 (Entsch. Bd. XXVIII S. 305).

1) Das Fischereigesetz vom 30. Mai 1874 erstreckt sich auf alle Gewässer, fließende und stehende, mögen sie dauernd oder nur zeitweilig Wasser führen. Deshalb schließt es auch künstliche Mühlengräben in sich und ebenso den in einen solchen künstlichen Mühlengerinnen befindlichen Wasserlauf (§ 1). Das Gesetz macht auch keinen Unterschied zwischen öffentlichen- und Privatgewässern.

2) § 20 a. a. O. untersagt, ein Gewässer in seiner ganzen Breite, ja auch nur auf mehr als die Hälfte durch eine ständige Fischereivorrichtung für den Wechsel der Fische zu versperren und macht nur eine Ausnahme von diesem Verbot für den Fall, daß bereits eine über dieses Maß hinausgehende Vorrichtung z. Z. des Inkrafttretens des Gesetzes thatsächlich vorhanden war.

3) § 22 Nr. 3 des Gesetzes findet dagegen auch auf ständige Fischereivorrichtungen Anwendung, die sich nur auf die Hälfte eines Gewässers oder auf einen noch geringeren Teil desselben erstrecken. Das Gesetz gestattet aber auch solche ständige Fischereivorrichtungen zu verbieten, und dies ist für die Provinz Brandenburg auch durch die landesherrliche Ausführungsverordnung vom 8. August 1887 im § 13 erfolgt. Dieses Verbot nimmt aber hiervon den Fall aus, daß eine Berechtigung auf die Benutzung einer solchen Vorrichtung besteht und zwar unterscheidet sich diese Ausnahme von der im § 20 gemachten, sehr wesentlich dadurch, daß ihre Wirksamkeit nicht davon abhängt, ob die Vorrichtung, die auf Grund der Berechtigung errichtet ist, bereits im Zeitpunkt des Erlasses des Gesetzes oder der Verordnung bestanden hat. Es können somit sehr wohl auf Grund einer bestehenden Berechtigung Fischwehre u. s. w. neu angelegt werden.

XVII.

Das Wasser.

(Einzuschalten auf Seite 48 des Ergänzungsbandes 1894.)

Nr. 83.

Endurteil des III. Senats vom 4. Februar 1895 (Entsch. Bd. XXVIII S. 280).

Im Eingang des Vorflutgesetzes vom 15. November 1811 („Die Nachteile, welche durch das Anstauen des Wassers bei den Mühlen und das zeitige Verfahren bei Anordnung der Vorflut für die Landschaft entstehen, veranlassen Uns, folgende nähere Bestimmungen darüber zu erlassen") muß es anstatt „Landschaft" — „Landwirtschaft" heißen. Unter der Bodenkultur, von der in den §§ 5 und 11 (bezw. § 13) des Vorflutgesetzes die Rede ist, ist eine der Landwirtschaft zufallende Aufgabe zu verstehen. Demnach ist die Ausbeutung einer Lehmgrube zu Ziegeleizwecken keine die Bodenkultur fördernde Thätigkeit.

Nr. 84.

Endurteil des III. Senats vom 28. Februar 1895 (Entsch. Bd. XXVII S. 278.)

Der § 59 der Kreisordnung, nach welchem der Amtsvorsteher die Polizei verwaltet, *soweit sie nicht durch besondere Gesetze dem Landrat oder anderen Beamten übertragen ist*, hat die polizeilichen Befugnisse von Schaurichtern, welche gemäß §§ 73, 25 der Feldpolizeiordnung vom 1. November 1847 mit solchen betraut waren, nicht beseitigt.

Nr. 85.

Endurteil des III. Senats vom 18. März 1895 (Entsch. Bd. XXVIII S. 285.)

Wenn nach dem Allgemeinen Landrecht die Thatsache, daß ein Fluß „von Natur schiffbar" ist, das Kennzeichen für die Oeffentlichkeit desselben bildet, so läßt dieser Ausdruck keine andere Auslegung zu, als daß damit lediglich die natürliche Tauglichkeit des Flusses, dem Schiffahrtsverkehr zu dienen, bezeichnet werden soll, ohne jede Rücksicht darauf, ob die Schiffahrt auf dem Fluße auch thatsächlich ausgeübt wird oder nicht. Anlangend die Art der Schiffahrt, durch deren mögliche Ausübung die Oeffentlichkeit des Flusses bedingt wird, so ist hierbei nicht an das Befahren des Flusses mit kleinen Kähnen zu denken. Es kann hier vielmehr nur die Schiffahrt in Betracht kommen, die dem Verkehr, also dem Transport von Sachen oder Personen, dient. Der Fluß muß als Wasserstraße benutzt werden können. Es kann ferner in dem Falle, wo der Fluß zwar regelmäßig die erforderliche Wassermenge führt, jedoch natürliche Hindernisse, wie Felsen oder Strom=

schnellen, der Schiffahrt in den Weg treten, von einer natürlichen Schiffbarkeit nicht die Rede sein. Dagegen vermögen künstlich geschaffene Hindernisse, wie Stauanlagen und Brücken, dem Flusse die vorhandene Eigenschaft der natürlichen Schiffbarkeit nicht zu nehmen.

Nr. 86.

Endurteil des III. Senats vom 25. März 1895 (Entsch. Bd. XXVIII S. 295.)

1) Für die zulässige Belastung von Grundstücken ist nach allgemeinen Rechtsgrundsätzen das örtliche Recht des Bezirks maßgebend, in welchem die Grundstücke gelegen sind.

Im Sinne des für die Ent- und Bewässerung von Grundstücken in der Provinz Hannover mit Ausschluß des Harzbezirks gegebenen Gesetzes vom 22. August 1847 macht es für die Rechtslage der Grundstücke keinen Unterschied, ob die zu ent- oder zu bewässernden Grundstücke ganz dem Geltungsbereiche dieses Gesetzes zugehören oder ob sie ganz oder zum teil außerhalb ihres Bezirks in einer benachbarten Provinz gelegen sind.

2) Nach § 97 a. a. O. kommt es nur darauf an, ob demjenigen, der Widerspruch erhoben hat, ein Recht zum Widerspruch zusteht.

Der Grundgedanke des Gesetzes geht dahin, für die Entwässerung eine unbedingte Pflicht zur Gestaltung der Vorflut vorbehaltlich des Entschädigungsanspruchs zu statuieren, soweit nicht den Beteiligten ein förmliches Widerspruchsrecht ausdrücklich eingeräumt ist. Nur derjenige hat ein Widerspruchsrecht, über dessen Grundstücke die Entwässerungsanlage neu geführt werden soll, nicht aber schon jeder andere, dessen Grundstück für die Entwässerungsanlage nur unmittelbar in Anspruch genommen wird.

Nr. 87.

Endurteil des III. Senats vom 6. Mai 1895 (Entsch. Bd. XXVIII S. 276).

Die Anwendbarkeit des § 67 Abs. 3 Satz 1 Zust.-Ges. wird nicht dadurch ausgeschlossen, daß die Klage sich als eine negatorische darstellte. Der Abs. 3 Satz 1 ist aber nicht anwendbar allgemein für alle Streitigkeiten darüber, ob die Höhe des Wasserstandes in rechtsverbindlicher und deutlicher Weise bestimmt ist, sondern blos für solche, die im Laufe eines behufs Festsetzung der Höhe des Wasserstandes bei Stauwerken eingeleiteten administrativen Verfahrens entstehen. Dies folgt daraus, daß der ganze § 67 nach seiner Unterschrift „a) Festsetzung der Höhe des Wasserstandes bei Stauwerken" und nach seinem Inhalt, besonders auch nach den am Schlusse gemachten Citaten, sich nur mit der Wasserstandsfestsetzung in einem solchen Verfahren beschäftigt.

Das Verwaltungsstreitverfahren ist mithin nur in ähnlich begrenztem Umfange zulässig, wie dasjenige über Widersprüche gegen eine Bewässerungsanlage an einem Privatflusse, deren Entscheidung dem Verwaltungsrichter blos dann, wenn sie im polizeilichen Vermittelungsverfahren geltend gemacht sind, zusteht, im Uebrigen dem ordentlichen Richter verblieben ist.

Nr. 88.

Endurteil des III. Senats vom 19. September 1895 (Entsch. Bd. XXVIII S. 262).

1) Hinsichtlich der Kompetenzkonflikte in Verwaltungsstreitigkeiten bestimmt der § 113 Abs. 5 des Landesverwaltungsgesetzes vom 30. Juli 1883, daß, wenn sich in derselben Sache die zur Entscheidung im Verwaltungsstreitverfahren berufene Behörde und eine andere Verwaltungsbehörde für zuständig oder für unzuständig erklärt haben, auf Grund der schriftlichen Erklärungen der über ihre Kompetenz streitenden Behörden und nach Anhörung der Parteien in mündlicher Verhandlung das Ober-Verwaltungsgericht entscheidet. Diese Bestimmung findet auch dann Anwendung, wenn die zur Entscheidung im Verwaltungsstreitverfahren berufene Behörde (Stadt-, Kreis- oder Bezirksausschuß) nicht durch Urteil oder Bescheid, sondern durch Beschluß zur Entscheidung für unzuständig sich erklärt hat, und wenn die andere Verwaltungsbehörde, welche sich gleichfalls für unzuständig erklärt hat, nicht die letzte Aufsichtsinstanz ist; ebensowenig wird die Entscheidung des Ober-Verwaltungsgerichts dadurch gehindert, daß die Parteien sie nicht in Antrag gebracht haben.

2) Nach § 66 des Zuständigkeitsgesetzes vom 1. August 1883 unterliegen Streitigkeiten, betreffend den Einspruch gegen die Anordnungen der für die Wahrnehmung der Wasserpolizei zuständigen Behörde wegen Räumung von Gräben, Bächen und Wasserläufen, bezw. wegen Aufbringung oder Verteilung der dazu erforderlichen Kosten, oder Streitigkeiten der Beteiligten darüber, wem von ihnen die öffentlich-rechtliche Verbindlichkeit zur Räumung von Gräben und sonstigen Wasserläufen obliegt, sowie die Klage auf Erstattung des Geleisteten gegen einen aus Gründen des öffentlichen Rechts Verpflichteten dem Verwaltungsstreitverfahren. Der letzte Absatz des § 66 enthält die Bestimmung: „Auf Gräben, Bäche und Wasserläufe im Bezirk eines Deichverbandes finden die vorstehenden Bestimmungen keine Anwendung." Der letzte Absatz des § 66 findet auch dann Anwendung, wenn die Räumung des Wasserlaufs nicht eine Deichangelegenheit, sondern Angelegenheit eines selbständigen Sielverbands ist. „Es ist im letzten Absatz des § 66 zwar bloß vom Deichverbande die Rede. Indessen trotz dieses beschränkten Wortlauts kann es zunächst keinem Bedenken unterliegen, ihn auch bei einem Deichverbande zur Anwendung zu bringen, der zugleich ein Sielverband ist. Er ist weiter aber auch anwendbar gegenüber einem selbständigen Sielverbande. Denn das Gesetz, betreffend die Ausdehnung des Gesetzes vom 28. Januar 1848 über das Deichwesen auf die Provinzen Schleswig-Holstein und Hanno-

ver, vom 11. April 1872, stellt die selbständigen Sielverbände in allen wesentlichen Beziehungen den Deichverbänden gleich. . . .“ Der letzte Absatz des § 66 setzt nicht die örtliche Lage des Wasserlaufs innerhalb des Verbandsfeldes des Deich- oder Sielverbandes, sondern die sachliche Zuständigkeit des Deich- oder Sielverbandes bezüglich des Wasserlaufs voraus. „Dafür lediglich die äußere räumliche Lage des Wasserlaufs innerhalb des Verbandsfeldes entscheiden zu lassen, könnte man sich höchstens auf den Wortlaut („im Bezirke“) berufen. Auf der anderen Seite würde es aber an jedem inneren Grunde fehlen, weshalb schon die örtliche Lage die Wirkung haben sollte, die Anwendung des § 66 zu beseitigen. Ist trotz der Lage innerhalb des Verbandsfeldes die Räumung des Wasserlaufs nicht zur Verbandssache gemacht, so ergiebt sich hieraus, daß der Wasserlauf und seine ordnungsmäßige Räumung ohne Interesse für den Verband sind.

3) Ersatzansprüche an einen Sielverband wegen Räumung von Wasserläufen im Bezirk dieses Verbandes sind privatrechtlicher Natur und gehören deshalb nicht vor die Verwaltungs-, sondern die ordentlichen Gerichte.

Nr. 89.

Endurteil des III. Senats vom 3. Oktober 1895 — (Entsch. Bd. XXVIII S. 273).

Unter den Begriff der Räumung im Sinne des § 66 Abs. 1 Zust.-Ges. fällt die Beseitigung aller Abflußhindernisse, gleichviel ob diese durch die Natur oder von Menschenhand geschaffen sind, und im letzteren Falle, ob ein Dritter oder der in Anspruch genommene selbst sie geschaffen hat. Wesentlich für die Anwendung des § 66 und infolge dessen für die Frage, welches Rechtsmittel gegen die Anordnung zulässig ist, erscheint, daß die Räumung nicht verlangt wird, weil der Inanspruchgenommene der Urheber des Abflußhindernisses sei, sondern weil er die öffentlich-rechtliche Pflicht der dauernden Räumung habe.

2) § 66 Abs. 2 Satz 3 a. a. O. hat den Sinn und die Bedeutung, daß, wenn der Dritte und nicht der Kläger öffentlich-rechtlich zu dauernder Räumung des Wasserlaufs verpflichtet ist, der Kläger von der angesonnenen Räumunng frei und der Dritte in die Verpflichtung durch Erkenntnis eingesetzt wird. Das Fundament der Klage muß demnach sein, daß die dauernde Pflicht zur Räumung nicht bei dem Kläger, sondern bei dem Dritten ruhe. Daraus ergiebt sich, daß als Fundament der Klage unstatthaft ist: die Verpflichtung des Dritten, den Inanspruchgenommenen für die von der Wasserpolizei angeordnete Räumung (§ 66) schadlos zu halten.

3) Die Polizei kann sich direkt an den Urheber polizeiwidriger Zustände mit der Auflage halten, diesen Zuständen Abhülfe zu schaffen.

4) Eine Klage aus § 66 Abs. 2 Satz 3 Zust.-Ges. darf auch nicht auf die Behauptung gestützt werden, der Dritte habe die Abflußhindernisse, deren

Beseitigung mit einer Räumungsverfügung (§ 66 Abs. 1) gefordert wird, verursacht und sei deshalb zu ihrer Beseitigung verbunden, sondern nur darauf, er sei aus Gründen des öffentlichen Rechts zur dauernden Räumung des Wasserlaufs verpflichtet, diese Verpflichtung liege dem Dritten, nicht dem Kläger, ob.

Nr. 90.

Endurteil des III. Senats vom 21. Oktober 1895 (Entsch. Bd. XXVIII S. 289).

1) Nach § 69 des Wassergenossenschaftsgesetzes hat die Genossenschaft auf Verlangen der Eigentümer benachbarter Grundstücke diese in ihren Verband aufzunehmen. Die Aufnahme ist von der Voraussetzung abhängig, daß die beabsichtigte Ent- oder Bewässerung dem Zweck des ganzen Unternehmens, oder auf die Beförderung der Landeskultur gerichtet ist, dienstbar sein wird. Die Landeskultur eines jeden beteiligten Grundstückes muß hierbei gefördert und gehoben werden. Die Aufnahme eines Grundstückes, welches überhaupt nicht zu einer solchen Produktion benutzt wird, wie z. B. die Entwässerung eines Fabrikgrundstücks, ist hiernach von selbst ausgeschlossen.

2) Unter der Entwässerung im Sinne des § 69 ist in erster Linie die Abführung desjenigen der Bodenkultur schädlichen Wassers zu verstehen, welches auf natürlichem Wege in das zu entwässernde Grundstück gelangt ist. Aber auch die Ableitung des einen Grundstücks zur Entwässerung künstlich zugeführten Wassers fällt unter § 69. Nur ist das entscheidende Gewicht darauf zu legen, daß die beabsichtigte Entwässerung dem Interesse der Bodenkultur dienen muß und daher nur die Entwässerung eines solchen Grundstücks in Frage kommen kann, welches landwirtschaftlich oder anderweitig zur Erzeugung von Nutzpflanzen verwendet wird. Vor allem darf die Menge des zugeleiteten Wassers den zulässigen Sättigungsgrad des Bodens nicht überschreiten. Für das Wehr am Wasser, für welches das bewässerte Grundstück ohne jeden Vorteil für sich lediglich einen Durchgang bildet, kann eine Abführung nicht verlangt werden.

3) Unter den vorstehenden Grundsätzen ist deshalb auch der Anspruch auf Aufnahme städtischer Kanalwasser in eine Wassergenossenschaft an sich begründet, wenn auch diese Art der Entwässerung nicht als erstes und einziges Ziel die Forderung der Bodenkultur hat. Dagegen wird durch Gutachten Sachverständiger das Maß zu ermitteln sein, über welches hinaus ein Verband nicht verbunden ist, die Abwässer aufzunehmen.

4) Ein auf Grund des § 69 aufzunehmendes Mitglied ist nicht verpflichtet, einen Anteil an denjenigen Anlagekosten zu zahlen, die durch unentgeltliche Zuschüsse des Staates oder der Provinz bereits gedeckt sind.

XIX.

Die Wege.

(Einzuschalten auf Seite 63 des Ergänzungsbandes 1894.)

Nr. 199.

Endurteil des IV. Senats vom 11. Juli 1894 (Entsch. Bd. XXVII S. 248.)

1) Die Wegepolizei hat das im allgemeinen Verkehrsinteresse Notwendige von demjenigen, welchem die Wegeunterhaltungslast obliegt, zu erzwingen und deshalb, soweit das im Verkehrsinteresse sich als notwendig ergiebt, allenfalls auch die Pflasterung von Wegestrecken dem Unterhaltungspflichtigen aufzuerlegen (Entsch. des O. V. G. Bd. II. S. 266, Bd. III. S. 184).

2) Indem das für die Provinz Brandenburg erlassene Gesetz vom 7. Juli 1891 (G. S. S. 329) in Uebereinstimmung mit den für andere Provinzen gleichmäßig ergangenen bezüglichen Gesetzen und ferner das Ergänzungsgesetz vom 11. Juli 1891 Bestimmung treffen, daß den Unternehmern von Fabriken u. s. w. in Rücksicht der durch ihre Unternehmungen vermehrten Last der Unterhaltung der öffentlichen Wege nach Verhältnis ihrer Mehrbelastung ein angemessener Beitrag zu der Unterhaltung des betreffenden Weges auferlegt bezw. das Beitragsverhältnis festgestellt werden kann, gehen diese Gesetze überall von der Voraussetzung aus, daß es sich um eine Feststellung zwischen dem Wegebaupflichtigen und dem Unternehmer jeder einzelnen in Betracht kommenden Fabrikanlage handelt.

3) Wo in Bezug auf einen und denselben Weg mehrere Fabrikunternehmungen in Frage kommen, steht zwar grundsätzlich nichts im Wege, die auf Feststellung der angemessenen Beiträge oder Beitragsverhältnisse gerichteten Klagen in einem Streitverfahren zur Erledigung zu bringen; die Feststellungen des Verwaltungsrichters werden hierbei aber in ihrem Resultat nur dahin gelangen können, daß die Bestimmung darüber erfolgt, welchen Beitrag jeder einzelne Fabrikunternehmer an den Wegebaupflichtigen zu leisten bezw. in welchem Verhältnisse jeder einzelne Fabrikunternehmer dem Unterhaltungspflichtigen Beiträge zu den Unterhaltungskosten zu geben hat.

4) Für die Höhe der Vorleistung bezw. für das Beitragsverhältnis ist maßgebend, in welchem Umfange die Benutzung des Weges von Seiten des einzelnen Fabrikunternehmers im Verhältnis zu der gesammten Verkehr stattfindet.

Nr. 200.

Endurteil des IV. Senats vom 19. September 1894 (Entsch. Bd. XXVIII S. 230).

1) Eine lediglich auf der Uebung einer Gerechtigkeit beruhende öffentlich-rechtliche Wegebaupflicht fällt mit der Gerechtigkeit.

2) Es ist weder für die vorlandrechtliche Zeit gemeinen Rechtens gewesen, daß der Inhaber einer Fährgerechtigkeit neben der Fähre die Zugangswege zu unterhalten hatte, noch ist ein solcher Rechtssatz dem § 138 II 15 A. L. R. zu entnehmen.

Nr. 201.

Endurteil des IV. Senats vom 17. Oktober 1894 (Entsch. Bd. XXVII S. 209.)

1) Für die auf vormals gutsherrlichem Besitz entstandenen Gemeinden ist, sofern nicht Gegenteiliges klar erhellt, davon auszugehen, daß von jeher der bäuerlichen Flur und also auch dem Gemeindebezirke nicht lediglich die bäuerlichen Stellen, sondern auch die den Zugang zu denselben vermittelnden Wege und Straßen ebenso zugehört haben, wie dies für die innerhalb der Grenzen des Gemeindebezirks belegenen Gräben, Flüsse, Seeen u. s. w. gilt.

2) Das Privateigentum an dem Straßenkörper ist für die öffentlich-rechtliche Wegebaupflicht bedeutungslos.

3) In der Kurmark fällt der Regel nach die Unterhaltung der öffentlichen Wege jedem Kommunalbezirk innerhalb seiner Grenzen zu, und nur für die eigentliche Dorfstraße ist nach einer bezeugten alten Observanz bis zum Beweise des Gegenteils anzunehmen, daß ihre Unterhaltung der Gemeinde unter Teilnahme des Gutsherrn, sofern dieser in der Feldmark mit Grundeigentum angesessen ist, obliegt, und zwar in der Art, daß der Gutsherr das in der bäuerlichen Flur nicht auffindbare Material zu gewähren und den Arbeitslohn zu tragen hat, während der Gemeinde im Uebrigen die Lieferung des Materials und die Leistung der Hand- und Spanndienste zufällt. Die Anwendbarkeit dieser Observanz ist jedoch auf solche Dorfstraßen zu beschränken, welche schon vor Aufhebung der Gutsunterthänigkeit und vor der gutsherrlich bäuerlichen Regulierung bestanden haben, und nicht auf solche Straßen zu übertragen, welche infolge zunehmender Ansiedelung in den Gemeinden später entstanden sind, ohne daß dem Gutsherrn auch nur die Möglichkeit, dies zu hindern, gegeben war.

Nr. 202.

Endurteil des IV. Senats vom 31. Oktober 1894 (Entsch. Bd. XXVII S. 176.)

1) Wenn die vor Erlaß der Kreisordnung zuständige Polizeibehörde einen Weg als einen öffentlichen beansprucht, so konnte derjenige, welcher sich dadurch in seinen Eigentums- oder Nutzungsrechten für gekränkt erachtete, nur Entschädigungsansprüche gemäß § 4 des Gesetzes über die Zulässigkeit des Rechtsweges in Beziehung auf polizeiliche Verfügungen vom 11. Mai 1842 (G. S. S. 192) geltend machen.

2) Daraus, daß das Enteignungsgesetz vom 11. Juni 1874 im § 3 für die Zulässigkeit der Enteignung von Grundstücken zur Geradelegung und Erweiterung von öffentlichen Wegen und zur Umwandlung von Privatwegen in öffentliche der Allerhöchsten Verordnung den Beschluß einer Verwaltungsbehörde substituiert, darf nicht gefolgert werden, daß vorher der Polizeibehörde allgemein die Befugnis zugestanden habe, Privatwege den Eigentümern durch Verfügung zu entziehen, um sie dem öffentlichen Verkehr als öffentliche zu übergeben.

Nr. 203.

Endurteil des IV. Senats vom 28. November 1894 (Entsch. Bd. XXVII S. 215).

1) Auch im Geltungsbereich des Code civil ist die Oeffentlichkeit von Wegen dann anzunehmen, wenn aus ihrem langjährigen thatsächlichen Bestehen, ihrer regelmäßigen ungehinderten Benutzung seitens des Publikums und ihrer Bedeutung für die Interessen des Verkehrs, beim Mangel entgegenstehender, auf die privatrechtliche Verfügungsbefugnis Einzelner hindeutender Momente, mit Sicherheit darauf geschlossen werden kann, daß sie nach dem Willen der rechtlich Beteiligten, insbesondere des ursprünglichen Eigentümers des Fundus und der Polizeibehörde, für den öffentlichen Verkehr bestimmte Wege sind.

2) Auch nach französischem Rechte hat, ebenso wie nach den Bestimmungen des Landrechts, das Eigentum an einem Grundstück die gesetzliche Vermutung der Uneingeschränktheit für sich. Es muß deshalb, um die Inanspruchnahme eines Weges für den öffentlichen Verkehr (§ 56 Zust.=Ges.) zu rechtfertigen, gegen den Eigentümer des Weges der Beweis erbracht werden, daß eine Einschränkung seines Eigentums derart stattgefunden habe, daß ihm das Recht, den öffentlichen Verkehr auf seinem Eigentum zu hindern, genommen sei.

3) Seitdem durch den § 57 Zust.=Ges. ein besonderes Verfahren für Einziehung überflüssiger Wege gegeben ist, ist der Verwaltungsrichter nicht mehr befugt, wegen eines mangelnden Verkehrinteresses einem gemäß § 56 a. a. O. geltend gemachten Anspruch der Polizeibehörde abzuweisen und so das vorgeschriebene Verfahren des § 57 a. a. O. zu umgehen.

Nr. 204.

Endurteil des IV. Senats vom 10. Dezember 1894 (Entsch. Bd. XXVII S. 168).

Der Wegebaupflichtige kann zur Anlage einer neuen Straße oder — was dasselbe ist — zur Umwandlung einer bestehenden Privatstraße in eine öffentliche nur dann gezwungen werden, wenn nach den Verhältnissen des öffentlichen Verkehrs ein unabweisbares Bedürfnis dazu vorliegt.

Nr. 205.

Endurteil des IV. Senats vom 12. Dezember 1894 (Entsch. Bd. XXVII S. 246).

Bei der Berechnung von Präzipualleistungen zum Wegebau sind nicht die gesammten Unterhaltungskosten zu Grunde zu legen, sondern nur diejenigen, welche durch die beitragspflichtige Unternehmung eine Vermehrung erfahren. Daraus folgt, daß die Gehälter und Dienstaufwandsentschädigungen der mit der Unterhaltung des Weges befaßten Beamten nur dann in Ansatz gebracht werden können, wenn die Anstellung bezw. höhere Besoldung solcher Beamten durch die Mehrarbeit veranlaßt wird, welche der durch die Unternehmung gesteigerte Verkehr auf dem Wege verursacht.

Nr. 206.

Endurteil des IV. Senats vom 19. Dezember 1894 (Entsch. Bd. XXVII S. 185).

1) Es ist zulässig, in demselben Streitverfahren, in welchem gegen die Wegepolizeibehörde auf Aufhebung ihres die Wegeunterhaltung anordnenden Beschlusses geklagt wird, die Klage auch gegen einen Dritten, welchen der Kläger statt seiner zu der ihm angesonnenen Leistung für verpflichtet erachtet, auf Erstattung aufgewendeter Wegeunterhaltungskosten zu richten, vorausgesetzt, daß letztere eben bei demjenigen Baufall entstanden sind, auf welchen sich die angefochtene wegebaupolizeiliche Anordnung bezieht. Unzulässig ist es aber, die Klage gegen den Dritten darüber hinaus auf seine Pflicht zur Unterhaltung des Weges im allgemeinen oder auf Leistungen, welche nicht die im Streitverfahren angegriffene Anordnung verlangt hat, zu erstrecken.

2) Eine Land- und Heerstraße im Sinne des § 1 II 15 A. L. R.'s verliert diese Eigenschaft durch eine ausdrückliche Erklärung der zuständigen Landespolizeibehörde nach Maßgabe des § 4 a. a. O. Eine Verlegung oder Veränderung, wie sie der § 4 erwähnt, kann sich aber auch thatsächlich unter Zustimmung der Landespolizeibehörde vollziehen, und man wird dann nicht daran zweifeln können, daß auch hierdurch eine bestehende Landstraße diesen ihren Charakter verlieren und zu einem bloßen Kommunikationswege werden kann.

Nr. 207.

Endurteil des IV. Senats vom 22. Dezember 1894 (Entsch. Bd. XXVII S. 195).

1) Ist ein Kreisausschuß in Gemäßheit des § 58 Abs. 2 des Landesverwaltungsgesetzes und des § 53 der Kreisordnung für Schleswig-Holstein (§ 61 der altländischen Kreisordnung) von dem Regierungspräsidenten beauftragt, zur Erledigung einer Wegepolizeiangelegenheit, bei welcher der fragliche Teil des Weges (eine Brücke) in verschiedenen Kreisen und Amtsbezirken liegt, einen Amtsvorsteher zu bestimmen, so ist damit noch nicht die Zuständigkeit dieses Kreisausschusses für den Fall begründet, daß gegen die

Anordnung des Amtsvorstehers im Verwaltungsstreitverfahren Klage erhoben wird; vielmehr bedarf es hier noch einer Bestimmung seitens des Bezirksausschusses gemäß § 58 Abs. 1 des Landesverwaltungsgesetzes.

2) Ist in dem Falle zu 1 die Klage bei dem zunächst unzuständigen Kreisausschuß innerhalb der gesetzlichen Frist erhoben, so ist hiermit doch die Klagefrist gewahrt (§ 63 des Landesverwaltungsgesetzes).

Nr. 208.

Endurteil des IV. **Senats vom 22. Dezember 1894** (Entsch. Bd. XXVII S. 224).

Eisenbahnen, wie Flüsse und Kanäle, welche eine Fabrikbetriebsstätte mit einem Wege verbinden, für welche das Gesetz, betreffend die Heranziehung der Fabriken u. s. w. mit Präzipualleistungen für den Wegebau in der Rheinprovinz, vom 4. August 1891 gegeben ist, vermehren zwar den Verkehr auf diesem Wege, indem sie den Massentransport aus jener Betriebsstätte auf denselben hinlenken; sie heben aber den zur Anwendung des Gesetzes unerläßlichen Kausalnexus zwischen dem Betriebe der Fabrik und der Abnutzung jenes Weges nicht notwendig auf.

Nr. 209.

Endurteil des IV. **Senats vom 30. Januar 1895** (Entsch. Bd. XXVII S. 199).

1) Die Vorschrift des § 4 II 15 A. L.-R.'s gewährt dem Staate das absolute Recht, die Landstraße nach seinem Ermessen zu verlegen, und es giebt keine Vorschrift, welche dieses Recht erst dann wirksam erscheinen läßt, wenn die Wegebaupflichtigen, welche die Unterhaltung der Straße bei fortdauerndem Bedürfnisse als Kommunikationsweg übernehmen müssen, ihre Zustimmung erklärt haben.

2) Rechtskräftige Urteile haben auch gegen die Rechtsnachfolger der Parteien Wirksamkeit, und zwar nicht nur gegen die Universalsuccessoren, sondern auch gegen die Singularsuccessoren.

3) Träger der Wegebaulast in selbständigen Gutsbezirken ist derjenige, welcher im Besitze der Gutsherrlichkeit ist, die Gutsherrschaft.

Nr. 210.

Endurteil des IV. **Senats vom 4. Februar 1895** (Entsch. Bd. XXVII S. 260).

1) Nach dem § 2 des Gesetzes über die Vorausleistungen der Fabriken u. s. w. zum Wegebau in der Rheinprovinz vom 4. August 1891 darf die Provinz den Antrag auf Vorleistungen auch bezüglich der früheren „Bezirksstraßen" stellen.

2) Mit dem in dem § 2 a. a. O. gebrauchten Ausdrucke: „von den Gemeinden ausgebauten Straßen" sind diejenigen gemeint, zu deren Ausbau nach dem vor dem Gesetz vorgefundenen Rechtszustande die Gemeinden gesetzlich verpflichtet waren, und deren Ausbau früher auch für Rechnung und

in Vertretung der Gemeinden stattgefunden hatte. Daß sich darunter auch eine große Anzahl von Wegen befanden, welche thatsächlich ursprünglich Staatsstraßen oder von Aktiengesellschaften und Privaten angelegt waren, ist für die so bezeichnete Kategorie von Wegen ohne Bedeutung, denn dadurch, daß sie unter die Zahl der Bezirksstraßen aufgenommen waren, erhielten sie den Charakter von solchen Wegen, deren Ausbau nach dem Rechtszustande, den das Regulativ von 1876 und das Gesetz von 1891 vorfand, den Gemeinden oblag.

Nr. 211.

Endurteil des IV. **Senats vom 27. Februar 1895** (Entsch. Bd. XXVII S. 400).

1) Um einem Wege die Eigenschaft eines öffentlichen zuzuerkennen, genügt nicht die thatsächliche Feststellung, daß seit langer Zeit der fragliche Weg von jedermann benutzt worden ist, es muß vielmehr hinzukommen, daß solche Benutzung unter Umständen erfolgt ist, welche darauf schließen lassen, daß der Weg unter — wenn auch stillschweigender — Zustimmung der rechtlich Beteiligten (d. h. des Eigentümers, des Unterhaltungspflichtigen und der Wegepolizeibehörde) dem öffentlichen Verkehr gewidmet ist.

2) Gewannenwege sind keine öffentlichen Wege. (§ 19 der Instruktion vom 2. Januar 1830 für die Vollziehung der Güterkonsolidation im ehem. Herzogtum Nassau).

Nr. 212.

Endurteil des IV. **Senats vom 6. März 1895** (Entsch. Bd. XXVII S. 257).

Ein Klageantrag auf Festsetzung einer Vorleistung zum Wegebau vom Tage einer eventuell in Aussicht genommenen Aufhebung des Chausseegeldes für die Benutzung dieses Weges ab ist unzulässig.

Nr. 213.

Endurteil des IV. **Senats vom 16. März 1895** (Entsch. Bd. XXVII S. 243).

Nach Maßgabe der Gesetze über Präzipualleistungen zum Wegebau kann eine auf 9 Monate beschränkte Wegeabnutzung nicht als eine „dauernde" Abnutzung angesehen werden.

Nr. 214.

Endurteil des IV. **Senats vom 20. März 1895** (Entsch. Bd. XXVIII S. 208).

1) Durch den § 56 Abs. 5 des Zust.-Ges. ist für das Verwaltungsstreitverfahren eine Klage zur Feststellung öffentlich-rechtlicher Verpflichtungen in Bezug auf den Wegebau und die Wegeunterhaltung den Beteiligten gegeben.

2) Die Zulässigkeit einer sogenannten negativen Feststellungsklage kann aber für das Verwaltungsstreitverfahren nicht schon deshalb behauptet werden, weil eine solche nach § 231 C. P. O unbedenklich zugelassen worden ist.

3) Die negative Feststellungsklage kann vielmehr nur gegen denjenigen erhoben werden, welchem der Kläger selbst die Wegebaulast beimißt, bezüglich deren er ein Anerkenntniß seiner Nichtverpflichtung beansprucht.

4) Gewöhnliche Fußgängerbanketts, wie solche häufig an Landstraßen und Chausseen innerhalb der geschlossenen Ortschaften vorzukommen pflegen, sind rechtlich Teile der Straße und somit regelmäßig von demjenigen zu unterhalten, welchem die Unterhaltungslast der Straße obliegt. Nur wenn sich ein solcher Fußweg nach der Art seiner Anlage und Unterhaltung von der sonstigen Wegeanlage als ein besonderes Verkehrsmittel unterscheidet, ist er ein „Bürgersteig" im rechtlichen Sinne des Wortes, der als solcher besonderen Rechtsverhältnissen untersteht und der Regel nach nicht unter die Chausseeunterhaltungspflicht fällt.

Nr. 215.

Endurteil des IV. Senats vom 27. März 1895 (Entsch. Bd. XXVII S. 232).

Für die Begründung der Vorausleistungspflicht bei Wegebauten ist es nicht entscheidend, von wem und auf wessen Kosten der Transport der zu den Fabrikbetrieben u. s. w. erforderlichen oder der durch sie erzeugten Massengüter zur Fabrik hin oder von ihr weg erfolgt, wenn nur diese Transporte durch den Fabrikbetrieb verursacht werden, eine Folge desselben sind.

Nr. 216.

Endurteil des IV. Senats vom 27. März 1895 (Entsch. Bd. XXVII S. 238).

Im Sinne der Gesetze, betreffend die Heranziehung von Fabriken mit Präzipualleistungen für Wegebauten, ist eine Abnutzung dann noch nicht für erheblich zu erachten, wenn die durch die Unternehmung bewirkte Benutzung des Weges nur eine über das Maß der gewöhnlichen Benutzung durch die ländlichen Anwohner hinausgehende ist. Einem Unternehmer können vielmehr wegen erheblicher Abnutzung des Weges erst dann Präzipualleistungen auferlegt werden, wenn die Unterhaltungslast des Wegebaupflichtigen durch die Unternehmung vermehrt wird.

Nr. 217.

Endurteil des IV. Senats vom 20. April 1895 (Entsch. Bd. XXVIII S. 243).

Die für die Gemeinden der Rheinprovinz angelegten Wegelagerbücher beweisen zunächst nur die Rechtsauffassung der mit ihrer Aufstellung betrauten Behörde, eine rechtliche Präsumtion für die Richtigkeit des Inhalts derselben besteht nicht.

Nr. 218.

Endurteil des IV. Senats vom 24. April 1895 (Entsch. Bd. XXVIII S. 189).

1) Widmungen zu Gunsten neu zu bildender Gemeinden (z. B. die Uebernahme von Wegebaulasten) sind, wenn sie von der zuständigen Staats-

behörde zur Grundlage der Gemeindebildung gemacht werden, regelmäßig Titel des öffentlichen Rechts, sie bedürfen als solche nicht noch der besonderen, formell bindenden Annahme der späteren Gemeinde nach den Normen des privatrechtlichen Vertragsrechts, um rechtsverbindlich zu werden.

2) Die Art der Entwässerung bildet kein entscheidendes Merk- und Grenzzeichen zwischen Chausseen und den für den Anbau fertig gestellten Straßen.

Nr. 219.

Endurteil des IV. Senats vom 27. April 1895 (Entsch. Bd. XXVIII S. 218).

Bei einer Klage aus § 56 Abs. 5 des Zust.-Ges. haben die Parteien über den Inhalt der Wegebaupflicht vor dem Verwaltungsrichter nicht zu streiten, sondern die Wegepolizeibehörde ist es, die sich darüber schlüssig zu machen hat, welche Anforderungen auf Grund der Wegebaulast an den Pflichtigen gestellt werden sollen, und nur in einem ihr gegenüber in die Klage geleiteten Streitverfahren haben alsdann die Verwaltungsgerichte darüber zu entscheiden, wieweit die Verpflichtungen der Inanspruchgenommenen gehen.

Nr. 220.

Endurteil des IV. Senats vom 15. Mai 1895 (Entsch. Bd. XXVIII S. 223.)

1) Nach dem § 43 der Wegeordnung für die Provinz Sachsen vom 11. Juli 1891 bleiben diejenigen Rechte und Verbindlichkeiten in Beziehung auf den Wegebau, welche vor dem Inkrafttreten dieses Gesetzes durch besondere Titel begründet sind, nur insoweit in Kraft, als in den letzteren die Wegebaulast nicht blos nach den bisherigen allgemeinen oder besonderen gesetzlichen Vorschriften, Ordnungen, Gewohnheitsrechten und Observanzen anerkannt oder festgestellt sind. Dabei gilt für die Urbarien, die gutsherrlich-bäuerlichen Regulierungsrezesse und Gemeinheitsteilungsrezesse die Vermutung, daß in denselben die Rechte und Verbindlichkeiten in Bezug auf den Wegebau nach den bisherigen allgemeinen oder besonderen gesetzlichen Vorschriften, Ordnungen, Gewohnheitsrechten und Observanzen anerkannt oder festgestellt seien.

2) Die Vermutung, welche der § 43 aufstellt, läßt sich durch den Nachweis widerlegen, daß der Rezeß in Abweichung von dem bei seinem Abschluß vorhandenen Rechtszustande eine neue Regelung der Wegebaulast getroffen hat.

Nr. 221.

Endurteil des IV. Senats vom 15. Mai 1895 (Entsch. Bd. XXVIII S. 236.)

Rechtskräftige Erkenntnisse über Wegebauverpflichtungen sind im Sinne des § 43 der Wegeordnung für die Provinz Sachsen vom 11. Juli 1891 keine speziellen Rechtstitel, denn sie schaffen nicht neues Recht, sondern anerkennen und bethätigen nur das bestehende.

Nr. 222.

Endurteil des IV. Senats vom 22. Mai 1895 (Entsch. Bd. XXVIII S. 253).

1) In Gemäßheit des Deichgesetzes vom 28. Januar 1848 ergangene Deichverbandsstatuten können auch polizeiliche Befugnisse der Deichverwaltungsbehörden regeln.

2) Durch ein neues Deichverbandsstatut kann die örtliche Deich-, Wasser- und Wegepolizei auf den Deichanlagen in der Hand des Deichhauptmanns vereinigt werden.

3) Die Uebertragung der Wegepolizei auf den Deichen an die Deichhauptleute erfolgt im Sinne des § 59 der Kreisordnung vom 13. Dezember 1872 „durch besonderes Gesetz", indem das sie aussprechende Statut auf Grund besonderen Gesetzes, des § 15 des Deichgesetzes ergeht.

4) Für die Frage, gegen wen sich die Klage richtet, kommt deren gesammter Inhalt in Betracht. Der Antrag allein ist nicht maßgebend.

5) Der § 5 des Westpreußischen Wegereglements vom 4. Mai 1796 schließt nicht aus, daß nach örtlichem Rechte, insbesondere observanzmäßig die Gemeinde als solche der Polizei gegenüber die Wegebaulast trägt.

Nr. 223.

Endurteil des IV. Senats vom 22. Mai 1895 (Entsch. Bd. XXVIII S. 197).

1) Die Bürgersteige haben die Bestimmung, den Verkehr mit den an die Straße grenzenden Grundstücken zu vermitteln. Zu diesem Verkehr gehört auch der Fahrverkehr vom Fahrdamme aus, soweit er ein Bedürfnis für die Grundstücksbesitzer ist.

Nr. 224.

Endurteil des IV. Senats vom 29. Juni 1895 (Entsch. Bd. XXVIII S. 203).

1) Nicht die Existenz des Weges bestimmt die polizeiliche Anforderung sondern das bestehende Verkehrsbedürfnis. Wird ein öffentlicher Weg augenblicklich fast gar nicht benutzt, so mag es immerhin bedenklich sein, ihn als öffentlichen sofort zu kassieren, es läßt sich aber nicht rechtfertigen, dem kostbaren Neubau einer Brücke zu fordern, zumal wenn die Möglichkeit besteht und seit langen Jahren bestanden hat, für den Verkehr mit Lastfuhrwerk mit einer Furt auszukommen.

2) Unklare polizeiliche Verfügungen unterliegen der Aufhebung.

Nr. 225.

Endurteil des IV. Senats vom 13. Juli 1895 (Entsch. Bd. XXVIII. S. 247).

Muß ein Weg in das unterliegende Terrain tief eingeschnitten werden, so daß Böschungen entstehen, so werden diese regelmäßig ein Teil der Wegeanlage

sein und müssen dann vom Wegebaupflichtigen soweit unterhalten werden, als es das Interesse des öffentlichen Verkehrs erheischt. Dasselbe gilt von Einfriedigungen der Wege, wenn solche im Interesse der Sicherheit des Verkehrs notwendig erscheinen.

XX.

Die Gewerbe.

A. Die Gast- und Schankwirtschaft.

(Einzuschalten auf Seite 66 des Ergänzungsbandes 1892.)

Nr. 62.

Endurteil des III. Senats vom 21. Januar 1895 (Entsch. Bd. XXVII S. 309).

1) Die Cirkularverfügung des Oberverwaltungsgerichts vom 17. November 1877 (Entsch. Bd. III. S. 380) betrifft nur das Verfahren in den zu einem Landkreise gehörenden Städten mit mehr als 10 000 Einwohnern. In diesen Städten entscheidet die Gemeindebehörde selbst über die Anträge auf Erteilung der Erlaubnis zum Betriebe der Gast- und Schankwirtschaft, und es liegt auf der Hand, daß in diesen Fällen eine besondere Anhörung der Gemeindebehörde, wie sie § 33 der Reichsgewerbeordnung und § 114 Zust.-Ges. vorschreiben, ausgeschlossen ist, weil die Gemeindebehörde sich nicht selbst anhören kann.

2) Der Stadtausschuß (in Stadtkreisen) ist dagegen mit der Gemeindebehörde nicht identisch. Es können mithin diejenigen Gründe, welche in dem Falle zu 1 eine besondere Anhörung der Gemeindebehörde nicht zuließen, hier keine Anwendung finden. Die Gemeindebehörde muß vielmehr gehört werden.

3) Diejenigen, dem Stadtausschuß angehörenden Mitglieder des Magistrats, welche bei dessen Beschlußfassung über Anträge auf Erteilung der Erlaubnis zum Betriebe der Gast- und Schankwirtschaft nicht beteiligt gewesen, sind an der Ausübung des Richteramts im Stadtausschuß in Bezug auf solche Anträge, gegen welche der Magistrat Widerspruch erhoben hat, nicht behindert.

B. Schauspielunternehmer.

(Einzuschalten auf Seite 538 des Stammwerkes.)

Nr. 4.

Endurteil des III. Senats vom 5. Juli 1894 (Entsch. Bd. XXVII S. 305.)

1) Gegen das Urteil des Bezirksausschusses im Falle des § 161 Abs. 2 Zust.-Ges. findet gemäß § 118 a. a. O. nur die Revision statt.

2) Die Frage, ob ein Schauspielunternehmer (§ 32 Gewerbeordnung vom $\frac{\text{21. Juni 1869}}{\text{15. Juli 1880}}$) in finanzieller Hinsicht zuverlässig ist oder nicht, ist thatsächlicher Natur. Ihre Beantwortung seitens des Bezirksausschusses ist daher mittelst der Revision mit Erfolg nicht anfechtbar, soweit nicht etwa dem Bezirksausschuß ein Rechtsirrtum oder ein wesentlicher Mangel des Verfahrens zur Last fällt (§ 94 L. V. G. v. 30. Juli 1883).

3) Das Erfordernis der Zuverlässigkeit in finanzieller Hinsicht für Schauspielunternehmer ist dahin zu verstehen, daß die Gesammtheit der Verhältnisse zu berücksichtigen und danach zu ermessen ist, ob eine Besorgnis besteht, es werde der Antragsteller den ihn aus der Unternehmung von Schauspielaufführungen erwachsenden pekuniären Verpflichtungen nicht gerecht werden.

H. Wandergewerbescheine.

(Einzuschalten auf Seite 63 des Ergänzungsbandes 1894.)

Nr. 11.

Endurteil des III. Senats vom 17. Dezember 1894 (Entsch. Bd. XXVII S. 315).

1) Unter den Arzneimitteln, welche nach dem § 56 Abs. 2 Nr. 9 der Reichsgewerbeordnung vom $\frac{\text{21. Juni 1869}}{\text{1. Juli 1883}}$ vom Ankauf oder Feilbieten im Umherziehen ausgeschlossen sind, sind nicht nur die in den Verzeichnissen A. und B. der Verordnung vom 27. Januar 1890 aufgezählten Zubereitungen, Droguen und chemischen Präparate zu verstehen, sondern auch andere Mittel, welchen beim Handel die Eigenschaft einer Heilwirkung beigelegt wird, oder welche nach dem Stande der Wissenschaft und ärztlichen Praxis Heilkraft besitzen (z. B. Alpenkräuterthee).

Nr. 12.

Endurteil des III. Senats vom 13. Juni 1895 (Entsch. Bd. XXVIII S. 332.)

1) Ebenso wie der Ortspolizeibeörde dann, wenn der Wandergewerbeschein ungeachtet ihres Widerspruchs durch Beschluß des Bezirksausschusses erteilt ist, kein Klagerecht nach § 117 Zust.-Ges. zusteht, so fällt ihr auch die Parteirolle als Beklagte nicht zu, wenn der Wandergewerbeschein entsprechend ihrem Antrage, dem nur die Bedeutung einer gutachtlichen Aeußerung zukommt, versagt ist. Deshalb verbleibt es bei der Regel des § 74 Abs. 3 L. V. G., wonach in allen Fällen, in welchen für das Verwaltungsstreitverfahren die Rolle als Kläger und Beklagter behufs Wahrnehmung des öffentlichen Interesses zu übernehmen und nicht zufolge besonderer gesetzlicher Vorschrift einer bestimmten Behörde zugewiesen ist, der Vorsitzende des Verwaltungs-

gerichts einen Kommissar zu bestellen hat. Es wird dieser Vorschrift schon dadurch genügt, daß die Ortspolizeibehörde in der Rolle als Beklagte geladen wird.

2) Um jemandem aus § 57 Nr. 4 R. G. O. den Wandergewerbeschein zu versagen, genügt es nicht, daß der Nachsuchende der Arbeitsscheu u. s. w. ergeben oder daß er dieserhalb bestraft ist, er muß auch wegen gewohnheitsmäßiger Arbeitsscheu u. s. w. übel berüchtigt sein. Letzteres ist in jedem einzelnen Falle festzustellen, wofür immerhin wird berücksichtigt werden können, daß der Hang zur Arbeitsscheu 2c. auch nach vorausgegangener Vorbestrafung bethätigt werden kann. Die Auskunft der Polizeibehörde allein wird aber nicht als Beweis für das Uebelberüchtigtsein zu verwerten sein.

I. Gewerbepolizei.

(Einzuschalten auf Seite 64 des Ergänzungsbandes 1894.)

Nr. 21.

Endurteil des III. Senats vom 22. April 1895 (Entsch. Bd. XXVIII S. 321.)

Der § 29 der Reichsgewerbeordnung bestimmt u. A., daß einer Approbation, die auf Grund eines Nachweises der Befähigung erteilt wird, Personen bedürfen, die sich als Aerzte (Wundärzte, Augenärzte, Geburtshelfer, Zahnärzte und Tierärzte) oder mit gleichbedeutenden Titeln bezeichnen oder seitens des Staates oder einer Gemeinde als solche anerkannt oder mit amtlichen Funktionen betraut werden sollen. Der § 29 enthält damit zugleich die Bestimmung, daß im Uebrigen das ärztliche Gewerbe von Jedermann frei betrieben werden darf. Selbst wenn man das Reglement vom 8. August 1835 als ein Spezialgesetz ansehen wolle, so ist es doch insbesondere in den §§ 17, 72 durch die Reichsgesetzgebung beseitigt. Uebrigens enthält das Reglement nur einen Hinweis auf den damals bereits bestehenden Zustand, wonach der ärztliche Beruf nur von approbierten Aerzten ausgeübt werden durfte. Hierdurch ist es dem Einzelnen überlassen, ob er sich in Krankheitsfällen, insbesondere bei ansteckenden, an eine geprüfte oder ungeprüfte Person wenden will und der Polizeibehörde die rechtliche Möglichkeit genommen, mit Geboten und Verboten nach dieser Richtung hin vorzugehen.

Nr. 22.

Endurteil des III. Senats vom 10. Juni 1895 (Entsch. Bd. XXVIII S. 326.)

1) Nach Art. 27 der Verfassungsurkunde und § 1 des Reichsges. über die Presse vom 7. Mai 1874 ist die Freiheit der Presse gewährleistet und unterliegt nur den durch das Preßgesetz selbst zugelassenen oder vorgeschriebenen Beschränkungen. Ein präventives polizeiliches Einschreiten gegen gewerbliche Ankündigungen in Druckschriften (Anpreisungen) ist daher nicht zulässig.

2) Die Polizeibehörde ist dagegen berechtigt, zwangsweise die öffentliche Ankündigung eines Gewerbebetriebes zu hindern, zu welchem die erforderliche polizeiliche Erlaubnis nicht erteilt ist. Deshalb kann dem Inhaber einer Droguenhandlung untersagt werden, auf seinem Firmenschilde neben seinem Namen die Bezeichnung „Apotheke" in einer Weise anzubringen, welche geeignet ist, in dem Publikum oder doch in demjenigen Teile desselben, welcher mit den einschlagenden Verhältnissen und den betreffenden gesetzlichen Bestimmungen weniger betraut ist, den Irrtum hervorzurufen, als finde in der Droguenhandlung der Betrieb einer Apotheke statt. Es muß darauf gehalten werden, daß diejenigen Geschäfte, welche Apotheken und diejenigen, welche Droguenhandlungen sind, auch nach außen deutlich von einander unterschieden werden. Es kommt hierbei nicht auf die Absicht einer Täuschung an, sondern es genügt, wenn die Art der Bezeichnung objektiv geeignet ist, eine Täuschung zu erzeugen. Ebenso unstatthaft ist es, wenn Jemand, dem die Erlaubnis zum Betriebe des Pfandleihgewerbes erteilt ist, sein Geschäft als ein „staatlich konzessioniertes Pfandleihamt" bezeichnet.

Mit demselben Recht ist ein polizeiliches Einschreiten gerechtfertigt, wenn es sich um Entfernung des Worts „Kur" auf einem Straßenschilde mit der Aufschrift „Kur- und Badeanstalt" handelt, da damit bei dem Publikum der Irrtum hervorgerufen werden kann, die Badeanstalt sei eine nach § 30 R. G. O. von der höheren Verwaltungsbehörde konzessionierte Privatkrankenanstalt.

Nr. 23.

Endurteil des IV. Senats vom 16. Oktober 1895 (Entsch. Bd. XXVIII S. 330).

Unter Unzuverlässigkeit des Gewerbetreibenden in Bezug auf seinen Gewerbebetrieb im Sinne des § 35 R. G. O. ist nicht nur die sittliche Unzuverlässigkeit zu verstehen. Hiernach kann mit Recht polizeilich der Gewerbebetrieb untersagt werden Personen, bei denen sich ein völliger Mangel der zu ihrem Gewerbebetriebe unerläßlichen Qualifikation ergiebt, wie dies der Fall sein kann, z. B. bei solchen, die Schwimmunterricht erteilen wollen und selbst nicht schwimmen können oder bei Winkelkonsulenten, die nicht die Fähigkeit besitzen, sich einigermaßen schriftlich klar und verständlich auszudrücken.

L. Innungen.

(Einzuschalten auf Seite 65 des Ergänzungsbandes 1894.)

Nr. 13.

Endurteil des III. Senats vom 9. Juli 1894 (Entsch. Bd. XXVII S. 321).

Soll das Statut einer Innung, welches die Aufnahme von Mitgliedern von der Ablegung einer Prüfung abhängig macht, den Anforderungen des

§ 100 Abs. 2 der Gewerbeordnung entsprechen, so müssen in demselben angegeben sein a: die Gegenstände, auf welche sich die Prüfung erstrecken soll, b: Art und Umfang der zu fordernden Leistungen.

P. Maße und Gewichte.

Nr. 1.

Endurteil des III. Senats vom 20. September 1894 (Entsch. Bd. XXVII S. 325.)

Die Polizeibehörde darf zum Zwecke der Untersuchung der Maße und Gewichte von Gewerbetreibenden nur in solche Lokalitäten eindringen, in denen ein öffentlicher Gewerbeverkehr stattfindet, in denen Waaren für Jedermann feilgeboten oder verkauft werden. Damit sind von der Untersuchung diejenigen Räume, wo ein derartiger öffentlicher Verkehr nicht stattfindet, der Gewerbetreibende vielmehr nur seine Waaren anfertigt, ausgeschlossen.

XXI.

Krankenversicherung der Arbeiter und Hülfskassen.

(Einzuschalten auf Seite 71 des Ergänzungsbandes 1894).

Nr. 64.

Endurteil des III. Senats vom 20. September 1894 (Entsch. Bd. XXVII S. 374).

Von dem seitens einer Krankenkasse von einer Anderen als Ersatz für irrtümlich geleistete Unterstützungen geforderten Betrage (§ 58 Abs. 2, Krankenvers.-Ges.) darf der Betrag der von dem Unterstützten irrtümlich gezahlten Kassenbeiträge nicht abgezogen werden.

Nr. 65.

Endurteil des III. Senats vom 1. Oktober 1894 (Entsch. Bd. XXVII S. 338).

Nach dem § 12 Abs. 3 des Hülfskassengesetzes in der Fassung der Novelle vom 1. Juni 1884 kann den Hinterbliebenen verstorbener Mitglieder eine Beihülfe gewährt werden, welche das Zehnfache der wöchentlichen Unterstützung, auf welche das verstorbene Mitglied Anspruch hatte, nicht überschreitet. Bei der Berechnung dieses Höchstbetrages des Sterbegeldes ist der Wert der etwa statutenmäßig zu gewährenden freien ärztlichen Behandlung nach Analogie des Krankenversicherungsgesetzes von $\frac{\text{15. Juni 1883}}{\text{10. April 1892}}$ in Höhe der Hälfte des Krankengeldes in Ansatz zu bringen.

Nr. 66.

Endurteil des III. Senats vom 29. Oktober 1894 (Entsch. Bd. XXVII S. 345).

1) Auch solchen versicherungspflichtigen Personen, welche bereits beim Eintritt in die versicherungspflichtige Beschäftigung krank gewesen sind, ist die Krankenunterstützung zu gewähren.

2) Schlechthin arbeits- und erwerbsunfähige Personen können nicht Mitglieder einer Ortskrankenkasse werden; dagegen ist für nur beschränkt erwerbsfähige, welche noch imstande sind, in einer die Versicherungspflicht begründenden Beschäftigung thätig zu sein, der Erwerb des Unterstützungsanspruchs nicht ausgeschlossen.

3) Die Zugehörigkeit zu einer Krankenkasse ist nicht von der Anmeldung abhängig, sondern unmittelbare notwendige Rechtsfolge des Eintritts in die für die Zugehörigkeit zu der Kasse maßgebende Beschäftigung.

Nr. 67.

Endurteil des III. Senats vom 5. November 1894 (Entsch. Bd. XXVII S. 366).

Scheidet ein Krankenkassenmitglied wegen Erwerbslosigkeit aus der Kasse aus (§ 28 Krankenversicherungsges. vom $\frac{\text{15. Juni 1883}}{\text{10. April 1892}}$), so verbleibt ihm in Unterstützungsfällen der Anspruch auf die gesetzlichen Mindestleistungen der Kasse nur dann, wenn der dreiwöchige Zeitraum, während dessen der Erwerbslose Kassenmitglied gewesen sein mußte, unmittelbar vor seinem Ausscheiden gelegen hat.

Nr. 68.

Endurteil des III. Senats vom 19. November 1894 (Entsch. Bd. XXVII S. 380).

1) Auf Grund des Krankenversicherungsgesetzes „zu versichernde Personen", sind sowohl die versicherungspflichtigen, als die freiwillig versicherten.

2) Im Falle des § 58 Abs. 1 des Krankenversicherungsgesetzes in der Fassung der Novelle vom 10. April 1892 ist in Preußen das Verwaltungsstreitverfahren ausgeschlossen.

Nr. 69.

Endurteil des III. Senats vom 7. Januar 1895 (Entsch. Bd. XXVII S. 354).

1) Für das Verwaltungsstreitverfahren über die Genehmigung eines vorgelegten Krankenkassenstatuts (§ 24 des Krankenversicherungsgesetzes vom $\frac{\text{15. Juni 1883}}{\text{10. April 1892}}$) kann als Beklagter gemäß § 74 Abs. 3 des Gesetzes über die allgemeine Landesverwaltung vom 30. Juli 1883 nur ein von dem Vorsitzenden des Bezirksausschusses zu bestellender Kommissar zur Wahrnehmung des öffentlichen Interesses auftreten.

2) Niemand darf zugleich einer Gemeindekrankenversicherung und einer organisierten Zwangskasse angehören.

3) Die Gemeinde-Krankenversicherung ist eine rein subsidiäre, eventuelle Versicherungseinrichtung, deren Mitgliederkreis bloß negativ abgegrenzt ist (§ 4 des Krankenversicherungsgesetzes); durch Errichtung einer organisierten Kasse scheiden die bei dieser versicherungspflichtigen Personen von selbst aus der Gemeindekrankenversicherung aus.

Nr. 70.

Endurteil des III. Senats vom 17. Januar 1895 (Entsch. Bd. XXVII S. 383).

Die dem Verwaltungsstreitverfahren im § 58 Abs. 2 K. V. G. überwiesene Klage einer Krankenkasse gegen die andere auf Ersatz irrtümlich geleisteter Unterstützungen ist eine Bereicherungsklage. Sie ist gegeben für alle Fälle, wo eine Kasse die einer anderen obliegenden Unterstützungen thatsächlich geleistet hat und das Vermögen der letzteren ungerechtfertigter Weise aus dem Vermögen der ersteren bereichert ist.

Nr. 71.

Endurteil des III. Senats vom 28. Januar 1895 (Entsch. Bd. XXVII S. 359).

1) Bei Anwendung des § 57 Abs. 2 des Krankenversicherungsgesetzes vom $\frac{\text{15. Juni 1883}}{\text{10. April 1892}}$ kommt es darauf an, für welche Zeit und in welchem Betrage unter Berücksichtigung des Abs. 5 des § 57 der Unterstützte einen Unterstützungsanspruch an die Kasse hatte, und ferner, welche Aufwendungen der Armenverband für die gleiche Zeit in Erfüllung seiner gesetzlichen Verpflichtung zur Armenpflege gemacht hat. Dabei müssen die Tage, für welche dem Unterstützten ein Anspruch auf Krankengeld und freie ärztliche Behandlung u. s. w. gegenüber der Kasse zustand, und die Tage, an welchen er von dem Armenverbande unterstützt worden ist, sich decken.

2) Bei Feststellung des Unterstützungsanspruches des Unterstützten an die Kasse, bleibt die Geldunterstützung, welche nach § 7 Abs. 2 des K. V. G. für die Angehörigen des Kassenmitgliedes zu leisten ist, außer Betracht.

Nr. 72.

Endurteil des III. Senats vom 14. Februar 1895 (Entsch. Bd. XXVII S. 362).

Ein Armenverband kann, wenn der Zustand eines unterstützungsberechtigten Kranken die Unterbringung in eine Irrenanstalt forderte, auch Erstattung der hierdurch verursachten Kosten von der Krankenkasse verlangen.

Nr. 73.

Endurteil des III. Senats vom 14. Februar 1895 (Entsch. Bd. XXVIII S. 341).

1) Nach § 57a Abs. 2 K. V.-G.'s sind die Krankenkassen verpflichtet, denjenigen versicherten Personen, welche während eines vorübergehenden Aufenthalts außerhalb des Bezirks der Ortskrankenkasse, der sie angehören, erkranken, dieselbe Unterstützung zu gewähren, welche die Versicherten von ihrer

Ortskrankenkasse statutenmäßig zu beanspruchen haben. Im Weigerungsfalle ist die Aufsichtsbehörde anzurufen. (§ 58 Abs. 1 A. a. O.). Wird die so erbetene Unterstützung im Wege der Krankenhauspflege geleistet, so sind die vollen Kosten zu ersetzen.

2) Der Anspruch, den ein solch außerhalb seines Kassenbezirks erkranktes Mitglied an die Ortskrankenkasse des Aufenthaltsortes hat, geht aber nicht auf den Ortsarmenverband über, welcher an Stelle der Krankenkasse des Aufenthaltsortes in Erfüllung seiner Verpflichtung zur Unterstützung hilfsbedürftiger Personen die Verpflegung des Kassenmitgliedes übernommen hat.

XXII.

Das Bauwesen.

(Einzuschalten auf S. 75 des Ergänzungsbandes 1894.)

Nr. 91.

Endurteil des IV. Senats vom 24. Oktober 1894 (Entsch. Bd. XXVII S. 414).

Eine Baupolizeiverordnung, welche die Ueberschrift „Baupolizeiordnung“ trägt, ist nicht ungültig.

Nr. 92.

Endurteil des IV. Senats vom 14. November 1894 (Entsch. Bd. XXVII S. 387).

1) Eine strenge Scheidung dessen, was zur Baupolizei und Straßenbaupolizei gehört, und dessen, was der allgemeinen Polizei verbleiben soll, läßt sich kaum aufstellen, und auch für den einzelnen Fall wird die Unterscheidung dadurch schwierig, daß die Baupolizei in einem unlösbaren sachlichen Zusammenhange mit zahlreichen anderweiten polizeilichen Gebieten steht, namentlich auch mit der Gesundheitspolizei.

2) Baupolizeilichen Anordnungen liegt häufig ein gesundheitspolizeiliches oder sicherheitspolizeiliches Motiv zu Grunde, ohne daß man deshalb an dem Charakter der Anordnung als einer baupolizeilichen zweifeln könnte.

3) An sich sind die Straßenrinnsteine nicht zur Abwässerung der anliegenden Grundstücke bestimmt. Die Anlieger haben kein Recht auf Entwässerung ihrer Grundstücke mittels der Straßenrinnsteine.

Nr. 93.

Endurteil des IV. Senats von 20. Februar 1895 (Entsch. Bd. XXVII S. 397).

Die einem Grundstückseigentümer bei Erteilung der Bauerlaubnis erwachsene Verpflichtung zur Einrichtung eines Vorgartens vor dem erbauten Hause (§ 1 Abs. 4 Ges. v. 2. Juli 1875 — G. S. S. 561 —) ist nicht eher zu erzwingen, als bis die Straßenregulierung vor dem Grundstücke zur Durchführung gelangt ist.

Nr. 94.

Endurteil des IV. Senats vom 6. Juli 1895 (Entsch. Bd. XXVIII S. 365).

1) Das Bauverbot aus § 12 des Baufluchtliniengesetzes bezieht sich lediglich auf „noch nicht für den öffentlichen Verkehr und den Anbau fertig hergestellte Straßen“, d. h. auf Straßen, deren Anlegung in Aussicht genommen, aber noch nicht vollendet sind, und es wird damit ein sämmtliche Wege in der Feldmark umfassendes Bauverbot ausgeschlossen.

2) Da das Bauverbot nach § 12 a. a. O. sowie die Festsetzung der näheren Bestimmungen durch ein vom Bezirks-Ausschuß zu bestätigendes Ortsstatut zu erfolgen hat, so können Abänderungen dieser Bestimmungen nur auf demselben Wege mit rechtlicher Bedeutung herbeigeführt werden. Gemeindebeschlüsse, welche eigenmächtig und einseitig vom Ortsstatut abgehen, sind rechtsungültig.

3) Zur Ausführung des Baufluchtliniengesetzes brauchten nicht notwendig für jede einzelne Ortschaft besondere ortspolizeiliche Bestimmungen bezüglich der Anforderungen an fertig hergestellte Straßen erlassen werden; es konnten vielmehr von den früheren polizeilichen Instanzen (Landrat, Regierungs- und Oberpräsident) gemäß §§ 137, 142 L. V. G. für mehrere Gemeinden oder Amtsbezirke derartige Bestimmungen ergehen.

Nr. 95.

Endurteil des IV. Senats vom 28. September 1895 (Entsch. Bd. XXVIII S. 372)

1) Durch die polizeiliche Bauerlaubnis erwirbt der Bauunternehmer kein unwiderrufliches und unentziehbares Recht auf die Ausführung des Baues nach Maßgabe der erteilten Erlaubnis; denn durch diese wird regelmäßig nur ausgesprochen, daß der aus dem Eigentum des Grundbesitzers fließenden Befugnis, seinen Grund und Boden mit Gebäuden zu besetzen, z. Z. der Prüfung des Baugesuchs Hindernisse des öffentlichen Rechts nicht entgegenstehen. Die Baupolizeibehörde hat die Pflicht, wenn sie sich davon überzeugt, daß sie sich in einem rechtlichen Irrtum befunden hat, dieses dem Bauunternehmer mitzuteilen und zu verhindern, daß ein dem öffentlichen Baurecht widersprechender Bau aufgeführt werde. Dies geschieht durch Zurücknahme der Bauerlaubnis, und die Behörde befindet sich mit dem bestehenden Rechte im Einklange, wenn sie den etwaigen Versuchen des Unternehmers, den rechtswidrigen Bau dennoch auszuführen, mit Bauverboten und den ihr zustehenden Zwangsmitteln entgegentritt.

2) Die im § 8 des Baufluchtliniengesetzes vorgeschriebene förmliche Feststellung und ortsübliche Bekanntmachung darf erst erfolgen, wenn keine Einwendungen erhoben sind oder über die erhobenen Einwendungen endgültig beschlossen ist. Geschieht gleichwohl die Festsetzung, so ist dieselbe ohne rechtliche Wirkung.

3) Ist überhaupt nicht erkennbar, welche Fluchtlinie in Wirklichkeit hat festgestellt werden sollen, so entbehrt der Fluchtlinienplan des unumgänglich notwendigen Inhalts, und es kann deshalb dem formellen Verwaltungsacte der Fluchtlinienfestsetzung eine Rechtswirkung nicht beiwohnen.

4) Neue baurechtliche Bestimmungen finden der Regel nach auf Bauten, die auf Grund eines ordnungsmäßig erteilten polizeilichen Konsenses bereits in der Ausführung begriffen sind, nicht Anwendung. Dies gilt insbesondere auch von den auf Grund des § 12 des Ges. vom 2. Juli 1875 erlassenen Ortsstatuten. (Das Reichsgericht geht allerdings von einer andern Anschauung aus und hat unterm 22./9. 1894 entschieden, daß es „rechtsgrundsätzlich keinen Unterschied begründet, ob bei Eintritt des im öffentlichen Rechte liegenden Hindernisses mit dem Bau schon begonnen war oder nicht." Bd. XXXIV Entsch. in Civils. S. 242.)

Nr. 96.

Endurteil des IV. Senats vom 16. Oktober 1895 — A 3./95. — (Entsch. Bd. XXVIII S. 359.)

1) Die Bestimmung in den Baupolizeiverordnungen, daß eine von den beiden sich gegenüber liegenden Wänden zweier auf demselben Grundstück errichteter Gebäude, die nicht wenigstens 5 m von einander entfernt sind, als Brandmauer aufgeführt werden muß, soll im feuerpolizeilichen Interesse verhüten, daß innerhalb der bestimmten Minimalentfernung von 5 m eine mit Oeffnungen (Fenster pp.) versehene Wand angelegt wird, dabei ist es gleich, ob die Wände parallel oder schräg zu einander verlaufen.

2) Die Entfernung der Wände von einander wird nach allgemeinen mathematischen Grundsätzen durch lothrechte Messung zu berechnen sein. Es ergiebt sich dann, daß zwei Wände sich in weniger als 5 m Entfernung gegenüberliegen, wenn ein auf der einen Wand errichtetes Loth die andere Wand so trifft, daß dieses Loth kürzer als 5 m ist.

XXIII.

Ansiedelungen und Kolonieen.

(Einzuschalten auf Seite 77 des Ergänzungsbandes 1894.)

Nr. 24.

Endurteil des IV. Senats vom 20. Februar 1895 (Entsch. Bd. XXVII S. 404).

Wenn das Gesetz, betreffend die Gründungen neuer Ansiedelungen in der Provinz Hessen-Nassau, vom 11. Juni 1890 für Ansiedelungen einen jederzeit offenen Weg verlangt, so meint es damit, daß für den Ansiedler die rechtliche Möglichkeit vorliegen muß, den Weg für jede Art von Verkehr, wie er für menschliche Wohnstätten in Betracht kommt, zu benutzen.

Nr. 25.

Endurteil des IV. Senats vom 20. April 1895 (Entsch. Bd. XXVIII. S. 383).

1) Die Errichtung einer Feuerstelle kann auch untersagt werden, wenn das Haus in den Grenzen eines nach dem Gesetze vom 2. Juli 1875 festgestellten Bebauungsplanes erbaut werden soll. Die Fluchtliniensetzung entscheidet nicht nach allen polizeilichen Gesichtspunkten darüber, ob, unter welchen Voraussetzungen und wie hinter den festgestellten Baufluchtlinien gebaut werden könne.

2) Nach §§ 47 und 48 des Feld- und Forstpolizeigesetzes vom 1. April 1880 bedarf derjenige, welcher in der Umgebung einer Waldung, welche mehr als 100 ha in räumlichem Zusammenhange umfaßt, innerhalb einer Entfernung von 75 m eine Feuerstelle errichten will, einer Genehmigung derjenigen Behörde, welche für die Ertheilung der Genehmigung zur Errichtung von Feuerstellen zuständig ist, und die Genehmigung darf versagt oder an Bedingungen geknüpft werden, welche die Verhütung von Feuersgefahr bezwecken, wenn aus der Errichtung der Feuerstelle eine Feuersgefahr für die Waldung zu besorgen ist. Ein um die Waldung gezogener Grenzwall gilt als Teil der Waldung im Sinne des § 47, mag er mit Bäumen oder Heidekraut bewachsen sein. Das Gesetz unterscheidet auch nicht zwischen Teilen eines mit einer Feuerstätte versehenen Hauses, sondern versteht unter Feuerstätte die gesammte mit einer Feuerstelle versehene bauliche Anlage, das Haus als Einheit. Bei Prüfung der Feuersgefahr ist eingehend zu erwägen, ob nicht anstatt des Verbots die Vorschrift genügt, Sicherheitsvorkehrungen z. B. Funkenfänger anzubringen. Bei Erteilung der Genehmigung ist es gleichgültig, ob es sich um ein Projekt eines Bauunternehmers oder um das eines sonstigen Anbauers handelt.

3) Im Verwaltungsstreitverfahren ist anerkannten Rechts, daß es dem freien Ermessen des Richters überlassen bleibt, ob er sich im Einzelfalle der Hilfe eines Sachverständigen bedienen will oder nicht.

4) Die Klage des Einsprechenden auf Aufhebung der polizeilichen Verfügung gegen die Genehmigung einer Ansiedlung und die Errichtung einer Feuerstelle in der Umgebung von Waldungen muß den Streitgenossen gegenüber nur einheitlich sowol gegen die Polizeibehörde als auch gegen den Unternehmer der Ansiedelnng gerichtet werden. Wird nur gegen den Unternehmer unter Ausscheiden der Polizeibehörde verhandelt und entschieden, ist das Verfahren ungesetzlich.

Nr. 26.

Endurteil des IV. Senats vom 23. Oktober 1895 (Entsch. Bd. XXVIII S. 418).

1) Nach § 52 Abs. 2 des Feld- u. Forstpolizeiges. vom 1. April 1880 muß, wenn zu der Errichtung der Feuerstelle (§ 47) eine Ansiedelungs-

genehmigung erforderlich ist, in dem Geltungsbereiche des Ansiedelungsgesetzes vom 25. August 1876 das Verfahren nach den §§ 48 bis 50 des Forst- u. Polizeigesetzes mit dem Verfahren nach den §§ 13 bis 17 des Ansiedelungsgesetzes verbunden werden.

2) Nach §§ 49, 50 des Feld- und Forstpolizeigesetzes hat der Waldeigentümer nicht nur das Recht, gegen den ihm bekannt zu machenden Antrag auf Erteilung einer Genehmigung gemäß § 47 des Gesetzes Einspruch zu erheben, sondern auch die Klage im Verwaltungsstreitverfahren gegen den Antragsteller und die Behörde, wenn der Bescheid den Einspruch zurückweist. Daraus folgt für den umgekehrten Fall, wenn also der Bescheid dem Einspruche entsprechend ergangen ist, daß die Klage des Antragstellers nicht nur gegen die Behörde, sondern auch gegen den Waldeigentümer gerichtet werden muß. Ist letzteres versäumt, muß event. von Amtswegen der Waldeigentümer als Mitbeklagter und Streitgenosse des Amtsvorstehers geladen werden.

3) Ein Dritter, der im Civilprozeß als Nebenintervenient gemäß § 66 C. P. O. mit der Wirkung, daß er als Streitgenosse der Hauptpartei zu gelten hat, eintreten kann, ist auch in Verwaltungsstreitverfahren zum Eintreten in einen zwischen anderen Personen anhängigen Verwaltungsrechtsstreit aus eigenem Rechte wenigstens dann befugt, wenn er in letzterem Verfahren von vornherein als Partei hätte zugezogen werden sollen. Hiernach ist auch der Waldeigentümer, welcher von der ersten Instanz nicht als Streitgenosse beigeladen ist, auch berechtigt, gegen das Urteil dieser Instanz in jeder Lage des Rechtsstreits bis zur rechtskräftigen Entscheidung das Rechtsmittel der Berufung einzulegen.

4) Der Verwaltungsrichter darf die Festsetzung der Bedingungen, unter denen er die Errichtung einer Feuerstelle genehmigt, nicht der Polizeibehörde überlassen. Es ist seine Aufgabe, diese Bedingungen genau festzusetzen in derselben bestimmten Weise, wie es seitens der Polizeibehörde hätte geschehen müssen, wenn diese sich bereits auf den Antrag zur Erteilung der Genehmigung unter Bedingungen entschlossen hätte. Selbstverständlich bezieht sich dies nur auf die gemäß § 48 Feld- u. Forstpolizeigesetzes zu stellenden besonderen Bedingungen, da die nach den geltenden allgemeinen baupolizeilichen Bestimmungen zu stellenden Anforderungen in diesem Verwaltungsstreitverfahren nicht zu erörtern sind.

XXIV.

Versicherungen.

(Einzuschalten auf Seite 78 des Ergänzungsbandes 1894).

Nr. 21.

Endurteil des III. Senats vom 17. Juni 1895 (Entsch. Bd. XXVIII S. 337).

1) Ein Feuerversicherungsagent darf eine Police oder einen Prolongationsschein zu derselben nicht eher aushändigen, bis er von der Polizeibehörde des Wohnortes des Versicherungssuchenden die amtliche Erklärung erhalten hat, daß der Aushändigung in polizeilicher Hinsicht kein Bedenken entgegensteht. Letzteres ist dabei dann als vorhanden anzusehen, wenn zu der Versagung ein nach den allgemeinen Aufgaben der Polizei sich als gerechtfertigt erweisender Anlaß vorliegt, z. B. Ueberversicherung durch gleich hohe Versicherung bei 2 Gesellschaften, wobei also der gemeine Wert der versicherten Sachen überschritten wird.

2) Das Unbedenklichkeitsattest ist aber auch in einem solchen Falle sowol im Gebiete des Rheinischen Rechts wie in dem des Allgemeinen Landrechts zu erteilen, wenn von dem die Versicherungsuchenden gegenüber der einen Versicherungsgesellschaft unter deren mindestens stillschweigendem Einverständnisse auf die Rechte aus dem Versicherungsvertrage in zulässiger und wirksamer Weise verzichtet wird. Von der Richtigkeit eines solchen Ausscheidens hat sich die Polizeibehörde durch Nachfrage bei der betreffenden Gesellschaft zu überzeugen.

XXV.

Die Handelskammern.

(Einzuschalten auf Seite 67 des Ergänzungsbandes 1893.)

Nr. 8.

Endurteil des III. Senats vom 10. Dezember 1894 (Entsch. Bd. XXVII S. 333).

Der Abschluß von Handelsgeschäften, bei denen der Vertreter einer Handelsgesellschaft nicht als solcher nach außen hin auftritt, kann ihn sehr wohl zum Kaufmann und damit zum Eintritt in die Korporation der Kaufmannschaft berechtigt machen.

XXVII.

Staatsangehörigkeit.

(Einzuschalten auf Seite 615 des Stammwerkes.)

Nr. 3.

Endurteil des I. Senats vom 1. Juni 1894 (Entsch. Bd. XXVII S. 410).

Ist einem früheren Deutschen, der diese Eigenschaft auf andere Weise, als durch zehnjährigen Aufenthalt im Auslande verloren hat, zur Erlangung der preußischen Staatsangehörigkeit anstatt einer Naturalisationsurkunde nur eine Aufnahmeurkunde erteilt, so hat dies doch den Erwerb der preußischen Staats- und der deutschen Reichsangehörigkeit seitens des Betreffenden zur Folge (Ges. v. 1. Juni 1870 — B. G. B. S. 355).

Vierte Abteilung.

Der Verwaltungsproceß.

XXVIII.

Das Streitverfahren.

(Einzuschalten auf S. 80 des Ergänzungsbandes 1894.)

Nr. 39.

Endurteil des IV. Senats vom $\frac{3.\ \text{Juli}}{11.\ \text{Mai}}$ 1895 (Entsch. Bd. XXVIII S. $\frac{344}{351}$).

1) Die Verfolgung einer Klage im Verwaltungsstreitverfahren auf Aufhebung einer polizeilichen Verfügung wird durch Zurücknahme der Verfügung von der beklagten Polizeibehörde nach erhobener Klage nicht unterbrochen; vielmehr ist der Verwaltungsrichter befugt, zu erkennen, ob die inzwischen zurückgenommene Verfügung der Polizeibehörde zu dem Zeitpunkte zu welchem sie erlassen worden, als den gesetzlichen Bestimmungen entsprechend zu erachten gewesen.

2) § 131 des Landes-Verwaltungsgesetzes vom 30. Juli 1883 bestimmt:

> Der § 6 des Gesetzes vom 11. Mai 1842 findet auch Anwendung, wenn eine polizeiliche Verfügung im Verwaltungsstreitverfahren durch rechtskräftiges Endurteil aufgehoben worden ist.

Sowohl der Wortlaut dieses Paragraphen wie dessen Entstehungsgeschichte ergeben, daß die durch die §§ 127 ff. des Landes-Verwaltungsgesetzes statuierte Rechtskontrolle gegen polizeiliche Verfügungen überall da eintreten kann, wo der Beteiligte behufs Wahrnehmung seiner Gerechtsame hinsichtlich der Vertretungsverbindlichkeit der Beamten nach Maaßgabe des § 6 des Gesetzes vom 11. Mai 1842, welcher lautet:

> Wird eine polizeiliche Verfügung im Wege der Beschwerde als gesetzwidrig oder unzulässig aufgehoben, so bleiben dem Beteiligten seine Gerechtsame nach den allgemeinen gesetzlichen Bestimmungen über die Vertretungsverbindlichkeit der Beamten vorbehalten;

eines Ausspruchs dahin bedarf, daß die polizeiliche Verfügung als gesetzwidrig oder unzulässig aufgehoben wird. Selbstverständlich muß also eine

Klage mit dem Antrage, die Verfügung, durch welche eine Bauerlaubnis versagt wurde, als zu der Zeit, wo sie erlassen, als rechtswidrig aufzuheben, zulässig sein, weil die angegriffene Verfügung vom Zeitpunkt ihres Erlasses ab die rechtliche Wirkung der Einschränkung der Freiheit des Klägers, das ihm gehörige Grundstück zu bebauen, geübt hat, und weil, sofern der Kläger meint, hierdurch in seinen Rechten verletzt zu sein und hieraus eine Vertretungsverbindlichkeit der bei dieser Verfügung beteiligten Beamten in Anspruch nehmen zu können, ihm durch das Gesetz, insbesondere durch § 131 des Landes-Verwaltungsgesetzes die Möglichkeit eröffnet ist, die im § 6 des Gesetzes vom 11. Mai 1842 für die Geltendmachung solchen Anspruchs hingestellte Voraussetzung, daß die polizeiliche Verfügung als gesetzwidrig oder unzulässig aufgehoben wird, nunmehr nicht bloß im Wege der Beschwerde, sondern auch durch rechtskräftiges Urteil im Verwaltungsstreitverfahren gewährt zu erhalten.

Nr. 40.

Endurteil des I. Senats vom 24. Mai 1895 (Entsch. Bd. XXVIII S. 184).

1) Bei der seitens der Behörden erfolgenden Feststellung von Beamtengehältern sind zwei Akte zu unterscheiden, nämlich die Feststellung,

a. welcher Rechtsanspruch dem angestellten Beamten aus dem Dienstverhältnisse gegen die anstellende Korporation bereits zusteht (dezisiver Akt),

b. welchen Rechtsanspruch die anstellende Korporation dem anzustellenden oder angestellten Beamten von vorn herein oder über die ihm bereits zustehenden Ansprüche hinaus noch weiter zu gewähren verpflichtet ist.

Zu b ist die Zuständigkeit der Verwaltungsbehörden — der Aufsichts- oder bei Lehrern in den Fällen des Gesetzes vom 26. Mai 1887 (G. S. S. 175) der Beschluß-Behörden — begründet. Zu a handelt es sich um vermögensrechtliche Ansprüche der Beamten gegen die anstellende Korporation. Zu deren Feststellung sind daher die Gerichte zuständig, soweit nicht durch positive Gesetze der Rechtsweg ausgeschlossen oder beschränkt ist.

2) wegen der Ansprüche der mittelbaren Staatsbeamten auf Gehalt sind die Gerichte unbeschränkt zuständig.

3) Die Vorherbestimmung von Gehaltsstufen oder Dienstalterszulagen hat — gleichviel, ob sie durch ein Regulativ allgemein oder durch die Einkommensnachweisung dem Lehrer speziell bekannt gemacht worden — niemals die Wirkung für diesen selbst einen durch Eintritt der Thatsache längerer Dienstführung bedingten Rechtsanspruch gegen die anstellende Korporation auf Gehaltserhöhung zu begründen.

Nr. 41.

Endurteil des IV. Senats vom 19. Dezember 1894 (Entsch. Bd. XXVII S. 185).

1) Daß eine Zurücknahme der Klage auch noch in zweiter Instanz, solange nur die Vorentscheidung nicht rechtskräftig geworden, zulässig ist, gilt — wie es für den Civilprozeß beim Bestehen der im Uebrigen für denselben bestimmten Voraussetzungen jetzt allgemein anerkannt ist — auch für das Verwaltungsstreitverfahren.

2) Ist die Zurücknahme der Klage einmal wirksam erklärt, so kann diese Erklärung in höherer Instanz nicht widerrufen werden.

XXX.

Disziplinarsachen.

(Einzuschalten auf Seite 83 des Ergänzungsbandes 1894.)

Nr. 19.

Entscheidung des Disziplinarsenats vom 1. Februar 1895 (Entsch. Bd. XXVII S. 431).

Der Verwalter eines städtischen Schlachthauses ist nur dann als Gemeindebeamter anzusehen, wenn aus der Natur der ihm übertragenen Obliegenheiten der Wille des Magistrats, ihn als solchen anzustellen, gefolgert werden muß.

Nr. 20.

Endurteil des Disciplinarsenats vom 30. April 1895 (Entsch. Bd. XXVIII S. 406).

1) Das in der Jagd auf den gemeinschaftlichen Jagdrevieren beruhende Vermögen ist kein Gemeinde-, sondern Interessentenvermögen, welches nach den Vorschriften des Jagdpolizeigesetzes vom 7. März 1850 der Verwaltung der „Gemeindebehörde“ unterliegt.

2) Die Schöffen sind bei der Jagdverpachtung zuzuziehen und haben auch im Falle ergangener Entscheidung der Aufsichtsbehörde über Meinungsverschiedenheiten ihre Mitwirkung einzurichten.

3) Die neue Landgemeindeordnung vom 3. Juli 1891 (§ 88 Nr. 7) bestimmt zur Erleichterung des Geschäftsganges, abweichend von dem früheren Recht, daß die Urkunden von dem Gemeindevorsteher und einem der Schöffen unterschrieben werden müssen. Zwar sind noch sämmtliche Schöffen kraft ihres Amtes zur Unterschriftsleistung an sich verpflichtet und können, so lange sie nicht unterschrieben haben, alle dazu von der Aufsichtsbehörde angehalten werden. Allein mit der Unterschrift auch nur eines Schöffen ist dem Gesetze und damit auch dem alleinigen Interesse der Aufsichtsbehörde, das dahin geht, zu verhindern, daß die Wirksamkeit der Gemeindebehörde lahm gelegt

werde, Genüge geschehen. Für das Verlangen, daß außer dem einen auch noch die übrigen Schöffen z. B. einen Vertrag unterzeichnen, fehlt es an einem gesetzlichen Grunde.

4) Hiernach ist der Landrat nicht berechtigt, einen Schöffen zur Unterschrift unter den Jagdpachtvertrag zu zwingen, sobald derselbe bereits anderweitig rechtsgültig gezeichnet ist, und der gegen eine solche gesetzwidrige Anordnung von den Schöffen entgegengebrachte Ungehorsam gilt als entschuldigt und ist frei von disciplinarischer Ahndung, sobald derselbe sonst nicht in ungehöriger und etwa deshalb strafbarer Form zum Ausdruck gebracht wird.

Nr. 21.

Endurteil des Disciplinarsenats vom 1. November 1895 (Entsch. Bd. XXVIII S. 411).

1) Nach dem Gesetz vom 8. Mai 1889, betreffend das Disciplinarverfahren bei dem Oberverwaltungsgericht, sind die im Wege des förmlichen Disciplinarverfahrens, also die der Regel nach auf Entfernung aus dem Amte zu fällenden Entscheidungen, dem Disciplinarsenat, dagegen die auf Klage im Verwaltungsstreitverfahren ergehenden dem ersten Senat zu überweisen.

2) Die auf Kündigung angestellten Beamten unterliegen denselben Bestimmungen des Disciplinargesetzes wie die übrigen Beamten.

XXXI.

Konflicte.

(Einzuschalten auf Seite 84 des Ergänzungsbandes 1894).

Nr. 32.

Endurteil des I. Senats vom 26. April 1895 (Entsch. Bd. XXVIII S. 414).

1) Die Anordnung von Beschlagnahmen nach § 98 St.-P.-Ord. steht nur dem Richter zu, bei Gefahr im Verzuge auch den Polizei- und Sicherheitsbeamten, letzteren jedoch nur, soweit sie als Hilfsbeamte der Staatsanwaltschaft deren Anordnungen Folge zu leisten haben. Zu diesen Beamten gehören aber nicht die Gendarme in Preußen.

2) Wenn auch hiernach aus Gründen der Strafverfolgung der Gendarm zur Beschlagnahme von Gegenständen nicht befugt ist, so wird er jedoch hierzu ermächtigt, wenn er die Beschlagnahme — z. B. von Fischen unter dem gesetzlichen Maße — als eine Maßregel der präventiven Polizei vornimmt, auf welche § 98 St.-P.-O. nicht Anwendung findet.

Fünfte Abteilung.

Entscheidungen in Staats- und Gewerbe-Steuersachen.

I A.

Allgemeine Besteuerungsgrundsätze.

(Einzuschalten auf Seite 90 des Ergänzungsbandes 1894.)

Nr. 38.

Entsch. des V. Senats, 1. Kammer, vom 17. November 1893 A. 1075/93 — Bd. III S. 1 —

Die Steuerfreiheit einer Ausgabe ist nicht davon abhängig, ob der Zahlungsempfänger die Einnahme seinerseits thatsächlich versteuert, sondern lediglich davon, ob es sich um dauernde, auf besonderen Rechtstiteln beruhende Lasten handelt.

Nr. 39.

Entsch. des V. Senats, 2. Kammer, vom 10. Mai 1894 B. 3075/93 — Bd. III S. 41 —

Die Frage, ob und wie lange eine Einkommensquelle besteht, und ob eine bisher schon existent gewesene Einkommensquelle durch Veränderungen im Betriebe oder in den persönlichen Verhältnissen des Steuerpflichtigen eine derartige erhebliche Umwandlung erfahren hat, daß sie als eine neue, erst durch Eintritt der Veränderung zur Entstehung gelangte Einkommensquelle anzusehen ist, liegt im wesentlichen auf thatsächlichem Gebiete, wobei die in Betracht kommenden thatsächlichen Verhältnisse in der Regel als maßgebend zu erachten sind (cfr. Ergänzungsband 1894 S. 89 Nr. 32 u. S. 96 Nr. 21).

I B.

Besondere Vorschriften.

a) Einkommen aus Kapitalvermögen.

(Einzuschalten auf Seite 91 des Ergänzungsbandes 1894.)

Nr. 16.

Entsch. des VI. Senats, 2. Kammer, vom 19. Juni 1894 — B 1886/93 — Bd. III S. 79 —

Kauft ein Vater seine Kinder in eine Aussteuerversicherung ein durch die Entrichtung eines einmaligen Betrages (an Stelle der jährlichen Prämien-

zahlung), mit der Maßgabe, daß im Falle des Todes der Kinder höchstens der eingezahlte Betrag zinslos zurückgezahlt werde, so scheidet für die Veranlagung des Vaters zur Staats-Einkommensteuer dieser entrichtete Betrag vollständig aus dem Kapitalvermögen desselben; es können Zinsen davon nicht berechnet und zum Kapitaleinkommen hinzugesetzt werden.

Nr. 17.

Entsch. des VI. Senats, 2. Kammer vom 3. Juli 1894 — B 2039/93 — Bd. III S. 86. —

Für die Annahme eines Einkommens aus Kapitalvermögen ist es nicht entscheidend, in welchem Zeitpunkt die Zinserträge dieses Vermögens dem Steuerpflichtigen zufließen, sondern für welchen Zeitraum sie ihm zustehen. Ist dem Steuerpflichtigen für das in Betracht kommende Steuerjahr ein Zinsenbetrag zugesichert worden, so stellt dieser Betrag sich als Einkommen des Steuerpflichtigen für das bez. Steuerjahr auch dann dar, wenn der Steuerpflichtige nach Inhalt des Vertrages erst nach Ablauf dieses Jahres die Zahlung des Zinsbetrages oder die Verfügung über ihn erhalten soll.

b) Einkommen aus Grundvermögen.

(Einzuschalten auf Seite 93 des Ergänzungsbandes 1894.)

Nr. 13.

Entsch. des V. Senats, 1. Kammer, vom 23. Mai 1894 — A 2587/93 — Bd. III S. 46. —

Das Einkommen des Pächters ist nach denselben Grundsätzen zu ermitteln, wie bei den Betrieben auf eigenen Grundstücken. Allerdings sind hierbei die gemäß Art. 11 zu II der Ausführungsanweisung an sich abzugsfähigen Ausgaben zu Gunsten des Pächters nicht abzusetzen, wenn sie der Verpächter zu bestreiten hat. (Art. 15 das.) Hat indes der Pächter die Kosten für Erhaltung und Ergänzung des lebenden und toten Wirtschaftsinventars selbst zu bestreiten, ist er auch berechtigt, die hierfür gemachten Ausgaben in Abzug zu bringen.

Nr. 14.

Entsch. des VI. Senats, 2. Kammer, vom 18. September 1894 — B 2143/93 — Bd. III S. 89 —

1) Bei dem Abzug für den Unterhalt des Wirtschaftspersonals ist festzustellen, in welcher Weise der Steuerpflichtige diese Summe berechnet hat, namentlich mit welchem Betrage in ihr Gehälter, Löhne und Naturalien, die nicht aus den Wirtschaftserzeugnissen entnommen sind, und mit welchem

Betrage der lediglich durch Schätzung zu ermittelnde Wert der für das Wirtschaftspersonal verbrauchten Wirtschaftserzeugnisse enthalten ist. Letzterer Wert ist bei einer den Vorschriften des Art. 11 der Ausführungsanweisung vom 5. August 1891 entsprechend aufgestellten Berechnung des Einkommens aus dem Betriebe der Landwirtschaft allerdings vom Einkommen nicht abzugsfähig.

2) Ausgaben, die im Laufe des Steuerjahres zu den im Art. 11 II bezeichneten Zwecken gemacht, aber nicht bezahlt werden, also im Rest geblieben sind, sind ebenso als abzugsfähig zu erachten, wie der Preis für die auf Kredit veräußerten Erzeugnisse der Wirtschaft als eine Einnahme für das Steuerjahr zu behandeln ist, in welchem die Veräußerung erfolgte. —

Nr. 15.

Entsch. des V. Senats vom 14. Dezember 1894 — V. 16/94 —
(Bd. III S. 151.)

1) Der Mietswert selbst bewohnter Räumlichkeiten ist unter Hinzurechnung der von den Angehörigen, seinen Gästen oder seinem Hauspersonal für persönliche Dienstleistungen aller Art genutzten Wohngebäude nebst Zubehör (Hausgärten, Anlagen und drgl.) abzuschätzen; es soll der Wert für dieses Zubehör nicht besonders ausgeworfen, sondern im Gesammtmietswerte mit „berücksichtigt" werden. (Art. 30 1 Abs. 3 und Art. 16 Nr. 2 der Ausführungsanweisung). Selbstverständlich wird bezüglich des Zubehörs ein Umfang vorausgesetzt, der ein zum Vermieten geeignetes Objekt darstellt. Das ist also beispielsweise nicht der Fall bei einem forstwirtschaftlich nutzbaren Park von mehr als 100 ha Umfang.

2) Der Gebäudesteuernutzungswert bietet bei Wohngebäuden in ländlichen Ortschaften keinen zuverlässigen Anhalt, es bleibt daher nur eine Schätzung nach der Richtung übrig, was in einem gegebenen (Ausnahme-) Falle durch Fordern von der einen, durch Bieten von der anderen Seite an Miete erzielt werden könnte. Event. wird der Gebrauchswert einer Sache in ein gewisses Verhältnis zu der Höhe der für ihre Herstellung gemachten Kapitalaufwendungen zu bringen sein, wie dies bei Bemessung der Abschreibungen für Abnutzung von Gebäuden 2c. allgemein geschieht.

3) An sich ist die Jagdnutzung ein Teil der Nutzungen, die Feld und Wald gewähren, so daß sie einen Teil des Einkommens aus Grundvermögen bilden kann. Wird aber die Jagd nur aus Liebhaberei gehalten und werden hierfür Kosten bestritten, die in keinem Verhältnis mit dem Ertrage der Jagd stehen, dann handelt es sich nicht mehr um eine nutzbringende Verwertung des durch die Ausgaben repräsentierten Anlegekapitals. Ein bei solchen Jagdeinkünften berechneter Fehlbetrag darf nicht vom Einkommen abgezogen werden.

4) Alle auf einem verpflichtenden Titel des öffentlichen Rechts beruhende Lasten (auch „dauernde Lasten") an öffentliche Verbände aller Art sind mit alleiniger Ausnahme der unter Nr. 4 und 1 des § 9 I des Einkommensteuergesetzes gedachten Steuern, Abgaben und Deichlasten nicht abzugsfähig. Hierzu gehören namentlich die an Kirchen- und Schulgemeindeverbänden zu leistenden Abgaben eines Gutsbezirks oder Leistungen aus dem guts- oder grundherrlichen oder Patronatsverhältnisse, auch wenn sie durch Rezesse oder Urbarien festgesetzt sind oder auf Observanz beruhen. Ferner gehören hierzu Leistungen von Baumaterialien an Gemeinden zur Instandhaltung von Wegen, Brücken 2c., Beiträge zu Spritzen- und Armenverbänden und Polizeikosten. Ueberall liegt hier kein „besonderer Rechtstitel" (§ 9 I Nr. 3 Einkommensteuergeſ.) vor.

Nr. 16.

Entsch. des V. Senats, 1. Kammer, vom $\frac{\text{4. Januar 1895}}{\text{18. Dezbr. 1894}}$ — $\frac{\text{A 2975/93}}{\text{A 2798/93}}$

Bd. III $\frac{\text{S. 173.}}{\text{174.}}$

1) Bewohnt der Eigentümer selbst sein Haus, so ist der Mietswert daraus nicht nach dem Durchschnitt zu berechnen, sondern als festes Einkommen im Wege der Schätzung nach dem Mietswert zur Zeit der Veranlagung festzusetzen. Das Ergebnis der Schätzung liegt auf thatsächlichem Boden und ist deshalb im Beschwerde unanfechtbar.

2) Im allgemeinen sind die Erträge aus Mieten als für das Steuerjahr feststehende Einnahmen anzusehen; die Durchschnittsberechnung ist nur dann geboten, wenn bei den bestehenden Verhältnissen, insbesondere der erheblichen Anzahl der Mietsparteien, der Häufigkeit des Mieterwechsels und der Kürze der üblichen vertragsmäßigen Kündigungsfristen die Rechnung mit feststehenden Einnahmen nicht durchführbar scheint. In jedem Einzelfalle bedarf es aber, ehe von der in erster Reihe stattfindenden Behandlung der Mieten als feststehende Einnahmen Abstand genommen wird, der Prüfung und der besonderen Feststellung, daß hier schwankende Einnahmen in Frage stehen.

Nr. 17.

Entsch. des V. Senats, 1. Kammer, vom 18. Dezember 1894 — A 2065/94 — Bd. III. S. 157.

Nach § 2b des Einkommensteuergesetzes vom 24. Juni 1891 unterliegen ohne Rücksicht auf Staatsangehörigkeit, Wohnsitz oder Aufenthalt der Einkommensteuer alle Personen mit dem Einkommen aus preußischem Grundbesitz. Diese Bestimmung umfaßt auch im Falle der Pachtung preußischer Grundstücke das Einkommen des Pächters. Im Falle der Verpachtung eines in Preußen belegenen Grundstücks entstehen nämlich zwei Einkommen aus diesem

Grundstück: dasjenige des Verpächters und dasjenige des Pächters. Selbstverständlich wird das aus der Pachtung eines in einem anderen Bundesstaat belegenen Grundstücks gewonnene Einkommen gemäß § 6 Nr. 1 des Einkommensteuergesetzes in Preußen steuerfrei bleiben müssen eben deshalb, weil dieses Einkommen aus einem in einem anderen Bundesstaat belegenen Grundstück bezogen wird.

c) Einkommen aus Handel und Gewerbe, einschließlich des Bergbaues.

(Einzuschalten auf Seite 94 des Ergänzungsbandes 1894).

Nr. 29.

Entsch. des V. Senats, 1. Kammer, vom 25. September 1894 — A. 1549/94 — Bd. III S. 92.

Wenn das Einkommensteuergesetz im § 1 Nr. 5 Konsumvereine mit offenem Laden für steuerpflichtig erklärt, sofern sie „die Rechte juristischer Personen haben“, so sind darunter nur solche Konsumvereine zu verstehen, die für sich die Rechte juristischer Personen auf gesetzlichem Wege erlangt und sie auf dieser Grundlage besitzen oder „haben“. Das ergiebt sich aus dem Wortlaute und aus der Entstehung des Gesetzes. Ein von diesem Rechtsbesitz der Rechte einer juristischen Person abweichender thatsächlicher Zustand irgend welcher Art ist, wenn überhaupt denkbar, ohne Belang.

Nr. 30.

Entsch. des V. Senats, 1. Kammer, vom 17. Februar 1894 — V. A. 558/93 — Bd. III S. 5.

Wo ein „Erwerbspreis“ im Sinne des § 16 des Einkommensteuergesetzes nicht vorhanden oder nicht erweislich ist, scheidet dieser Rechnungsfaktor aus, und es bestimmt sich dann das Grundcapital nur nach den aufgewendeten Kosten der Anlage und Einrichtung bezw. Erweiterung des Unternehmens. Bei diesen Kosten kann, soweit sie nicht erweislich, aushilfsweise eine schätzungsweise Bestimmung unter Berücksichtigung der Preis- und Lohnverhältnisse zur Zeit ihrer Aufwendung, stattfinden.

2) Die erforderlichen Mitteilungen über den Erwerbspreis und die Anlagekosten hat der Steuerpflichtige der Einschätzungskommission zu unterbreiten und die erforderlichen Beweise anzuführen; er kann sich dieser Verpflichtung nicht durch die Bemerkung entziehen, daß es sich als ganz oder teilweise schwierig erweist, Erwerbspreise und Aufwendungen zum Ausbau von Gruben auch nur annähernd ziffermäßig festzustellen . . Jedenfalls ist

es gesetzlich unzulässig zur Ermittelung des Grundcapitals auf den Wert der Kuxe zurückzugreifen, den diese zu irgend einer Zeit gehabt haben und diesem Werte die zwischenzeitlich gemachten Aufwendungen für Neuanlagen, Grunderwerb und Erweiterung hinzuzurechnen. Die Einstellung eines Taxwerts wird auch dann nicht statthaft, wenn nicht blos die Schwierigkeit, sondern die Unmöglichkeit besteht, den Erwerbspreis und die Kosten der Anlage und Einrichtung bezw. Erweiterung des Bergwerks nachzuweisen.

Nr. 31.

Endsch. des V. Senats, 1. Kammer, vom 21. April 1894 — A 2642/93 — Bd. III S. 8. —

Nach § 16 des Einkommensteuergesetzes kommt es zum Zweck der Feststellung des Grundkapitals einer Berggewerkschaft nur darauf an, welche Kosten die Gewerkschaft für den Erwerb des Bergwerks und der Anlagen und für die von ihr hergestellten Anlagen aufgewandt hat. Es ist ohne Belang, für welche Preise die Gewerke ihr Kuxe erworben und welche Zubußen sie bezahlt haben, da die Veräußerung von Kuxen rechtlich und thatsächlich völlig verschieden ist von der Veräußerung eines Bergwerks, selbst wenn sämtliche Kuxe zugleich veräußert werden. (§§ 104 und 114 Allg. Berggeſ. vom 24. Juni 1865.)

Nr. 32.

Entsch. ds V. Senats, 1. Kammer, vom 21. Februar 1894 — 2547/93 — Bd. III S. 10. —

1) Die subjektive Steuerpflicht ist dadurch bedingt, daß ein der Vorschrift des § 1 Nr. 4 des Einkommensteuergesetzes entsprechender Thatbestand vorhanden ist. . .

Der Gesetzgeber hat nicht alle Erwerbsgesellschaften oder alle mit juristischer Persönlichkeit ausgestattete Gesellschaften der Besteuerung unterworfen. Die in Nr. 4 a. a. O. vorhandene Aufzählung hat nicht die Bedeutung, Beispiele zu liefern; die Steuerpflicht ist vielmehr lediglich auf diejenigen Arten von Personenvereinigungen beschränkt, welche daselbst speziell genannt sind (cfr. auch Art. 26 Nr. 1 und 4 der Ausführnngsanweisung vom 5. August 1891).

2) Eine Bergwerks-Gesellschaft mit den Rechten einer juristischen Person, bei der die Annahme eines Miteigentums der Mitglieder am gesellschaftlichen Vermögen ausgeschlossen ist, ist nicht als eine „Berggewerkschaft“ anzusehen und kann deshalb zur Einkommensteuer nicht herangezogen werden (§§ 1 und 13 Ges. vom 12. Mai 1851). Eine derartige Gesellschaft kann nur als eine Korporation im Sinne der §§ 25ff Tit. 6 T. II A. L. R's. oder als eine mit den Rechten einer juristischen Person versehene privilegierte erlaubte Gesellschaft angesehen werden (§ 22 a. a. O.).

Nr. 33.

Entsch. des V. Senats, 1. Kammer, vom 28. März 1894 — A 895/93 — Bd. III S. 16.

Nach § 9 Nr. 5 des Einkommensteuergesetzes will das Gesetz nur die Jahreseinkünfte, unbeschadet der Substanz, treffen. Daraus sowol, wie aus dem Gesammtinhalt des Gesetzes, wonach nicht nur bei dem Bergbau, sondern auch sonst eine mit dem Betriebe verbundene Substanzverzehrung zur Abrechnung kommen soll, ist zu folgern, daß auch ein Abzug für Substanzverlust beim Torfstich zulässig ist. Es lassen sich als für die Art dieser Berechnung bestimmte, für alle Verhältnisse maßgebende Grundsätze nicht aufstellen. Der ein gegen Entgelt erworbenes Austorfungsrecht verwertende Unternehmer befindet sich beispielsweise in einer anderen Lage, als der Eigentümer einer ländlichen Besitzung, dem nach Hebung der mehr oder minder umfangreichen Torfschätze der Grund und Boden verbleibt. Jedenfalls ist event. nicht verfehlt, hierbei die für Bergwerke angenommenen Grundsätze analog anzuwenden.

Nr. 34.

Entsch. des V. Senats, 1. Kammer, vom 28. März 1894 — A. 2010/93 — Bd. III. S. 18.

1) Die Verteilung der Ueberschüsse im Sinne des § 16 Einkommensteuergesetzes steht der nachträglichen Berücksichtigung des Substanzverlustes nicht entgegen. Diese wird auch dadurch nicht ausgeschlossen, daß der Steuerpflichtige, indem er die auf der Oberfläche des Grubenfeldes lagernden alten Halden sammelt und zur Abfuhr vorbereitet, nur Tagebau betreibt; denn das Gewinnungsrecht des Bergwerkseigentümers erstreckt sich auch auf die innerhalb des Feldes befindlichen Halden (§ 54 Allg. Berggesetz. vom 24./6 1865); das in diesem steckende Mineral gehört ebenso zur Substanz des Bergwerks, wie die unter Tage befindlichen Mineralien.

2) Für das Grundkapital ist malweise der zwanzigfache Betrag der im Durchschnitt der letzten vier Jahre vor dem Inkrafttreten des Einkommensteuergesetzes verteilten Ausbeute maßgebend. Diese vier Jahre müssen aber in ununterbrochener Folge sich aneinanderreihen. Ist nur in einem Jahre z. B. 1890 die Ausbeute im Quadriennium verteilt worden, so ist dieselbe durch Teilung mit vier auf den Jahresdurchschnitt zu reduzieren und dieser mit 20 zu multiplizieren.

Nr. 35.

Entsch. des V. Senats, 1. Kammer, vom 9. Juni 1894 — A. 285/93 — Bd. III. S. 65. —

Unerläßliche Voraussetzung für das Bestehen einer Berggewerkschaft ist, daß sie „Bergbau“ auf Grund eines vorhandenen sog. Bergwerkeigentums betreibt.

Nach der Verordnung, betreffend die Einführung des Allg. Berggesetzes in das Gebiet des vormaligen Königreichs Hannover vom 8. Mai 1867 Art. II, ist die Ausbeutung von Soolquellen dem Verfügungsrecht des Grundeigentümers nicht entzogen. Daraus folgt, daß in der Provinz Hannover Gesellschaften, welche die Ausnutzung von Soolquellen bezwecken, als Bergwerkschaften neueren Rechts (Allg. Berggeſ. vom 24. Juni 1865) nicht errichtet werden können. Aber auch zur Zeit der Einführung des Allg. Berggesetzes bestand daselbst die Regalität der Soolquellen nicht; deshalb kann der Betrieb von Salinen nicht einkommensteuerpflichtig sein; denn die Ausdehnung der Steuerpflicht auf andere, wenngleich verwandte oder ähnliche Gesellschaften, als wie sie das Gesetz im § 1 Nr. 4 u. 5 begrenzt, ist nach der Absicht des Gesetzgebers unbedingt ausgeschlossen.

Nr. 36.

Entsch. des V. Senats, 3. Kammer, vom 15. November 1894 — C. 572/94 — Bd. III S. 110.

1) Abschreibungen für Substanzverminderungen bei einem Einkommen aus immobilen gewerkschaftlichen Kuxen sind unzulässig, gleichviel ob die Gewerkschaften die von ihnen erzielten Ueberschüsse unter die Gewerke erst nach zuvoriger Abschreibung für Substanzverminderung oder ohne Vornahme einer derartigen Abschreibung verteilt haben.

2) Bereits in früheren Entscheidungen ist dargelegt worden, daß auch die Erträgnisse der unter der Herrschaft des älteren Rechts geschaffenen Kuxe, welche nach § 228 Allg. Berggeſ. vom 24/6. 1865 die Eigenschaft unbeweglicher Sachen behalten haben, als Einkommen aus Kapitalvermögen im Sinne des § 12 Abs. 2b Einkommensteuergeſ. zu gelten haben.

Nr. 37.

Entsch. des VI. Senats, 2. Kammer, vom 6. November 1894 — B. 3251/93 — Bd. III S. 107.

Die Bestimmung des § 12b Einkommensteuergesetzes gilt nicht von den Gewinnanteilen der Kommanditisten, d. h. derjenigen Gesellschafter bezw. Teilnehmer einer einfachen Kommanditgesellschaft, welche bei einem unter gemeinschaftlicher Firma betriebenen Handelsgewerbe sich nur mit Vermögenseinlagen beteiligen, während die Beteiligung anderer Gesellschafter (eines oder mehrerer) nicht in dieser Weise beschränkt ist. Das Einkommen aus solchen Gewinnanteilen gilt vielmehr für gewerbliches Einkommen.

Nr. 38.

Entsch. des V. Senats, 1. Kammer, vom 23. November 1894 — A 1172/94 — Bd. III S. 137.

1) Eine außerhalb Preußen befindliche Gesellschaft betreibt auch in Preußen ein Gewerbe, sobald sie einen ständigen Vertreter zum Abschluß

ihrer Geschäfte daselbst unterhält. Es ist nicht notwendig, daß alle Handlungen, welche dieser Vertreter innerhalb des statutarischen Geschäftskreises vornimmt, sich an einem bestimmten Ort konzentrieren oder daß der Vertreter von den Anweisungen der Gesellschaftsorgane abhängt und nicht befugt ist, die Gesellschaft zu verpflichten. Der Umstand, daß die Gesellschaft auf Grund jeweiliger spezieller Vertretung auch durch andere Personen in ihrer Thätigkeit vertreten werden kann, ist ohne Bedeutung; denn nicht das ist maßgebend, in welcher andern Art die Gesellschaft ihre Geschäfte besorgen lassen **könnte**, sondern nur, daß sie so, wie es geschieht, die Wahrnehmung ihrer Angelegenheiten bewirkt.

2) In dem Reichsgesetze wegen Beseitigung der Doppelbesteuerung vom 13. Mai 1870 ist jedem Bundesstaat das Recht der Besteuerung desjenigen Einkommens, welches aus dem innerhalb seiner Grenzen betriebenen Gewerbe herrührt, gewährleistet. Eine Vorschrift des Inhalts, es dürfe das aus dem Betriebe eines Gewerbes fließende gesammte Einkommen überhaupt nur in **einem** Bundesstaate der Besteuerung unterworfen werden, findet sich im Reichsgesetze nicht. Daher kann die Thatsache, daß bisher das gesammte Jahreseinkommen der Gesellschaft z. B. in Bayern besteuert ist, der anteiligen d. h. auf das Einkommen aus dem Preußischen Gewerbebetriebe derselben beschränkten Besteuerung in Preußen nicht präjudizierlich sein.

Nr. 39.

Entsch. des V. Senats, 1. Kammer, vom 16. November 1894 — A 1170/94 —
Bd. III S. 140.

Hat eine im andern Bundesstaat domizilierte Hypothekenbank jemanden in Preußen bestellt, der als Annahmestelle für Beleihungsanträge gilt und die Pflicht hat, die eingehenden Anträge vorzuprüfen und so das zur Beschlußfassung erforderliche Material zu beschaffen, dann geht eine solche Vertretung über den Rahmen einer gewerbsmäßigen Vertragsvermittelung hinaus, es liegt dann eine **locale Geschäftsführung** der Bank vor, zumal wenn noch dem Beauftragten die Zinserhebung und Beaufsichtigung der erworbenen Hypotheken obliegt. Bei einer solchen Geschäftsführung ist es gleichgültig, daß nach dem Wortlaut des Vertrages die Bevollmächtigung zur Vertretung der Bank ausgeschlossen ist.

Nr. 40.

Entsch. des VI. Senats, 1. Kammer, vom 28. Juni 1894 — C 2582/93 —
Bd. III S. 82.

1) Die Abschreibung uneinbringlicher Forderungen von dem Einkommen aus Handel und Gewerbe bei der staatlichen Einkommensteuer-Veranlagung

ist zulässig, auch wenn die Verluste, die den Grund für die Abschreibung abgegeben haben, aus früheren als den für die Durchschnittsberechnung des Einkommens aus Handel und Gewerbe maßgebenden Jahren herrühren.

Ist eine Abschreibung im Verhältniß zu dem Gesammtbetrag der Forderungen auffallend hoch, so wird hierdurch schon allein die Vermutung begründet, daß die Abschreibung eine unzulässig hohe sei, und der Steuerpflichtige hat die Grundlosigkeit dieser Vermutung nachzuweisen.

Nr. 41.

Entsch. des V. Senats, 1. Kammer, vom 21. April 1894 — A. 932/93 — Bd. III S. 22.

1) Hat ein Steuerpflichtiger Beweis für seine Behauptung angetreten, so hat die Kommission auf die Beweismittel näher einzugehen. Weiter als bis zur Beweisantretung reicht die Pflicht des Censiten nicht (Art. 55 Nr. 3, Art. 62 der Ausführungsanweisung).

2) Der sich aus Speculationszwecken zu berechnende Gewinn ergiebt sich aus einer Gegenüberstellung des Anschaffungspreises unter Hinzurechnung der auf die Erhöhung des Kapitalwertes, die Erhaltung und Bewirtschaftung etwa verwendeten Kosten — mit Ausschluß der Zinsen des eigenen, nicht auch des fremden Kapitals —, andererseits des erzielten Erlöses. Danach sind Kapitalanlagen grundsätzlich von der Anrechnung keineswegs ausgeschlossen.

Wenn einmal der Gewinn aus Speculationsgeschäften zur Besteuerung gelangt, müssen alle Kosten nach der allgemeinen Bestimmung in § 91 Nr. 1 des Einkommensteuergesetzes zur Anrechnung kommen, die zur Erwerbung dieses Einkommens verwendet sind; soweit zwischen der Ausgabe und der demnächst besteuerten Einnahme ein ursächlicher Zusammenhang besteht, ist eben Reineinkommen nur nach Abrechnung der Ausgabe vorhanden. Dabei fällt auch nicht entscheidend ins Gewicht, ob eine Ausgabe hätte erspart werden können; es kommt vielmehr nur auf den thatsächlichen Verlauf der Geschäfte an. Wenn auch Stempelkosten aus Anlaß eines nicht gewerbsmäßig oder nicht zu Speculationszwecken vorgenommenen Grundstücksverkaufs vom Einkommen nicht abzusetzen sind, ist den Stempelabgaben der Abzug nicht zu versagen, wenn sie als notwendige Unkosten zur Erlangung des Einkommens erscheinen. Auch dritten Personen zugesicherte Gewinnanteile müssen schon aus dem Gesichtspunkt abgezogen werden, weil sie Einkommen dieser Personen und nicht des zu ihrer Ausantwortung Verpflichteten sind. Unter demselben ursächlichen Zusammenhang ist auch der Abzug von Courtagen, Provisionen und ähnlichen Ausgaben, sowie endlich der Zinsen und

Ausgaben gestattet, die von dem Grundstücksspeculanten entrichtet werden, um sich die Mittel zur Durchführung seiner Geschäfte aus fremdem Vermögen zu beschaffen (Vergütungen für angeliehenes Betriebskapital).

Nr. 42.

Entsch. des V. Senats, 1. Kammer, vom 15. Juni 1894 — C. 2220/93 — Bd. III S. 26.

Bei Berechnung des Gewinnes aus Speculationsgeschäften dürfen die Zinsen des eigenen Kapitals zu dem Anschaffungspreise nicht hinzugesetzt werden, da bei Feststellung des Anschaffungspreises einer Sache oder des Vermögens einer Person nur wirkliche Aufwendungen, nicht aber entgangene Gewinne, also auch nicht die Zinsen des Anschaffungspreises in Ansatz gebracht werden dürfen, zumal diese entgangenen Gewinne sehr häufig mehr als aufgewogen werden können durch die während der Besitzzeit vom Erwerber gezogene Nutzung des Speculationsobjectes. Auch erhält der Steuerpflichtige dadurch, daß er das von ihm zu Speculationszwecken erworbene Object zu einem erheblich höheren Preise als dem Erwerbspreise verkauft, in dem höheren Preise die mit seinem freien Willen eine Zeit lang nicht bezogenen Zinsen seines Kapitals zusammen in einem Betrage erstattet.

Nr. 43.

Entsch. des V. Senats vom 6. Juni 1894 — V 12/94 — Bd. III S. 51. —

Der Abzug der Verluste aus Speculationsgeschäften vom Gesammteinkommen hinsichtlich der Veranlagung zur staatlichen Einkommensteuer ist grundsätzlich nicht zulässig. Bezüglich der Frage, ob und inwieweit Verluste aus zu Speculationszwecken abgeschlossenen Geschäften bei Feststellung des steuerpflichtigen Gesammteinkommens zu berücksichtigen sind, mag verwiesen werden auf die Anmerkung 14 zu § 12 in Fuistings Kommentar zum Einkommensteuergesetz, III. Aufl. S. 98, 99; der dortigen Auffassung wird diesseits beigetreten. Grundsätzlich steht dem Abzug einer bei den Spekulationsgeschäften zu Tage gekommenen Minusdifferenz vom Gesammteinkommen nichts im Wege. Ein Geschäft, das bei günstigem Verlauf mit seinen Ergebnissen das Gesammteinkommen (nicht das Vermögen) steigert, muß bei ungünstigem Ausfall auch das Einkommen beeinflussen und darf nicht etwa als Vermögensminderung ausgeschieden werden.

d) Einkommen aus Gewinn bringender Beschäftigung und aus Rechten auf periodische Hebungen rc.

(Einzuschalten auf Seite 98 des Ergänzungsbandes 1894.)

Nr. 29.

Entsch. des V. Senats, 1. Kammer, vom 9. Oktober 1894 — A. 2655/93. — Bd. III. S. 101.

Diejenigen Kompetenzen, welche ein im Ausland stationierter Beamter als nicht pensionsberechtigendes Gehalt, sondern als diätarische Remuneration bezw. Diäten bezieht, sind nach § 6 Nr. 4 des Einkommensteuergeſ. steuerfrei. Nicht der Verwendungszweck des Diensteinkommens, sondern lediglich der Umstand ist entscheidend, daß die Bezüge nicht zu dem pensionsberechtigenden Einkommen gehören.

Nr. 30.

Entsch. des V. Senats vom 20. November 1894 — V. 22./94 — Bd. III. S. 120.

Ein Deutscher, der seinen Wohnsitz nicht in Preußen, sondern in einem anderen Bundesstaate hat, ist aus der aus Preußischer Staatskasse gezahlten Pension nur dann zu besteuern, wenn dem Empfänger die Eigenschaft oder wenigstens bezüglich seiner Pensionsverhältnisse die Stellung eines deutschen Civilbeamten zukommt. Dies ist bei Eisenbahn-Beamten, die früher bei Privateisenbahn-Gesellschaften angestellt, später als bei deren Verstaatlichung auf den Preußischen Eisenbahnetat mit der verabredeten Pension übernommen worden sind, der Fall.

Nr. 31.

Entsch. des V. Senats, 3. Kammer, vom 7. Juni 1894 — C. 2188/93 — Bd. III. S. 52.

Die Einnahmen aus Tantiemen sind als schwankende gemäß § 10 des Einkommensteuergesetzes durchschnittlich zu berechnen. Diese Berechnungsart kann nicht deshalb unterbrochen werden, weil etwa für das Steuerjahr selbst ein Bezug nicht in Aussicht steht.

Nr. 32.

Entsch. des V. Senats vom 13. Juni 1894 — V. 11./94 — Bd. III. S. 71.

Die Vorstandsbeamten der Reichsbank haben auf den von der Reichsbank zu ihren Gunsten angesammelten Tantiemenfonds durch ihre Anstellung einen rechtlichen Anspruch und erhalten die Tantieme als Aequivalent für ihre amtliche Verrichtung neben dem Grundgehalt und den sonstigen Emolumenten alljährlich, indem fortlaufend ein relativ bestimmter Ertrag des Bruttogewinnes der betreffenden Bankstellen zu einem besonderen Fonds für sie genommen, dort angesammelt, von der Reichsbank verwaltet und ihnen oder ihren Erben s. Z. ausgeantwortet werden muß. Deshalb unterliegt das Einkommen der Tantieme ebenso wie jeder andere Gehaltteil der Besteuerung aus gewinnbringender Beschäftigung. Hieran ändert der Umstand nichts, daß dem Beamten während der Dauer seines Amts eine Verfügung unter Lebenden über die Substanz der Bezüge nicht zusteht.

Nr. 33.

Entsch. des VI. **Senats, 2. Kammer, vom 9. Oktober 1894** — B. 2837/91 — **Bd.** III. **S.** 103.

Für die Annahme eines steuerpflichtigen Einkommens aus Gewinn bringender Beschäftigung, insbesondere auch aus der Thätigkeit als Schriftsteller oder Gelehrter, ist als notwendige Vorbedingung: Leistung und Gegenleistung. Erhält ein Gelehrter einen Preis ohne solche Gegenleistung, also ohne eine besondere Arbeit, sondern lediglich in Folge seiner allgemein bekannt gewordenen wissenschaftlichen Leistungen, dann ist eine solche Zuwendung als eine der Schenkung ähnliche Erwerbung im Sinne des § 8 des Einkommensteuergesetzes anzusehen und daher steuerfrei zu lassen.

Nr. 34.

Entsch. des $\frac{\text{VI.}}{\text{V.}}$ **Senats,** $\frac{2.}{1.}$ **Kammer, vom** $\frac{\text{22. Januar 1895}}{\text{2. Oktober 1894}}$

— B. $\frac{3829/93}{2545/93}$ — **Bd.** III. **S.** $\frac{188.}{189.}$

1) Der Gerichtsvollzieher kann nur diejenigen Geschäftsunkosten in Abzug bringen, welche ihm für die Unterhaltung eines Bureaux und die Beschaffung von Schreibkräften und Schreibmaterialien thatsächlich entstehen. (Art. 21 Nr. 4a der Ausführungsanweisung.)

2) Der dem Gerichtsvollzieher aus der Staatskasse gewährte Reisekostenzuschuß bildet kein Einkommen im steuerlichen Sinne, sondern nur den Ersatz baarer Auslagen, die weder ganz noch zum Teil der Besteuerung unterliegen.

Nr. 35.

Entsch. des VI. **Senats vom 14. Februar 1895** VI. 7./94 — **Bd.** III. **S.** 205.

Werden für bestimmte Beamtenkategorien (Chausseeaufseher) tarifmäßig fixierte Wohnungsgeldzuschüsse als Teile der Besoldung gewährt, die bei

Naturalbezug von Dienstwohnungen wieder in Abzug kommen, so ist immer nur mit diesem Wohnungsgeldzuschusse zu rechnen, nicht aber mit der Dienstwohnung und ihrem Werte.

Nr. 36.

Entsch. des V. Senats, 2. Kammer, vom 13. Dezember 1894 — B. 346/94 — Bd. III. S. 148.

Ein Beamter, der einen bestimmten Betrag als Wohnungsentschädigung enthält, ist auch mit diesem vollen Betrage als Teil der Besoldung zur Steuer heranzuziehen. Ob dieser Betrag eine pensionsberechtigende Eigenschaft hat oder nicht, ist gleichgültig. (§ 15 Abs. 2 Einkommensteuergesetzes und Art. 21 Nr. 1 und 2 Abs. 2 der Ausführungsanweisung.)

C. Einkommen der Aktiengesellschaften etc.

(Einzuschalten auf Seite 104 des Ergänzungsbandes 1894).

Nr. 44.

Entsch. des V. Senats, 1. Kammer, vom 16. Novemb. 1894 — A. 1883/93 — Bd. III S. 117.

1) Der Abzug von $3\,{}^1/_2\,\%$ des Grundkapitals einer Aktiengesellschaft ist auch von dem Einnahmedurchschnitt der in Betracht kommenden Jahre zu machen.

2) Das Steuerobjekt ist auch für eine in Liquidation befindliche Gesellschaft nach dem Durchschnitt der Vorjahre zu berechnen ohne Unterschied, ob die Gesellschaft sich im Steuerjahre in derselben geschäftlichen Lage befindet, wie in den Vorjahren, oder ob eine Aenderung des Geschäftsbetriebes eingetreten ist. Nach § 16 des Einkommensteuergesetzes kommt es nur darauf an, daß die Ueberschüsse, welche eine der daselbst vorgesehenen Verwendungen gefunden haben, nach dem Durchschnitt der Vorjahre ermittelt werden. — Es ist gar nicht notwendig, daß die Aktiengesellschaft überhaupt ein Gewerbe treibt; deshalb fällt es auch nicht ins Gewicht, wenn etwa in Folge eines Liquidationsbeschlusses eine Veränderung des Gewerbebetriebes eintritt. —

Nr. 45.

Entsch. des V. Senats, 1. Kammer, vom 18. Dezemb. 1894 — A. 876/94 — Bd. III S. 164.

Die englische company limited by shares ist als den Aktiengesellschaften gleichstehend gemäß § 1 Nr. 4 des Einkommensteuergesetzes einkommensteuerpflichtig.

Nr. 46.

Entsch. des V. Senats, 1. Kammer, vom 18. Dezemb. 1894 — A. 875/94 — Bd. III S. 160.

Der § 16 des Einkommensteuergesetzes schreibt die Hinzurechnung der zu Geschäftserweiterungen verwendeten Beträge zu den zu bestimmenden Ueberschüssen vor, unabhängig davon, ob die geleisteten Ausgaben nutzbringend gewesen sind oder nicht.

Nr. 47.

Entsch. des V. Senats, 1. Kammer, vom 28. April 1894 — V 2768/93 — Bd. III S. 28.

1) Stellt eine Gesellschaft einen bestimmten Betrag z. B. 100,000 M. zu einem Fonds für Pensionszwecke bereit, um für künftige Zwecke bestimmte Beträge reserviert zu haben, so sind diese 100,000 M. keine Schuld der Gesellschaft und daher auch nicht abzugsfähig. Würde dagegen die Gesellschaft sich dieser Beträge durch Auszahlung, als Pensionen an Beamte und Arbeiter, entäußert haben, dann wäre deren Steuerpflicht nicht anzunehmen, weil dann eine andere, eine die Steuerpflicht nicht begründende Verwendung vorliegen würde; hier liegt also nur die Bildung eines „Reservefonds" vor und damit ist auch die Steuerpflicht der Zuführungen zu diesem Fonds gegeben.

2) Die Steuerbehörden haben die ihnen obliegende Prüfung der Abschreibungen keineswegs auf die Gesammtwerte zu beschränken, sondern sind ebenso berechtigt wie verpflichtet, jeden einzelnen in den Rechnungen der Gesellschaft vorkommenden Posten, um welchen der Gewinn gemindert wird, auf seine Zulässigkeit und Richtigkeit zu prüfen und, falls sich dabei ergiebt, daß die vorgenommene Abschreibung sich nicht innerhalb einer angemessenen Berücksichtigung der Wertverminderung des bezüglichen Objekts hält, eine entsprechende Berichtigung für den Zweck der Besteuerung vorzunehmen.

3) Bei dem Vortrage eines unverteilten Gewinnes „auf neue Rechnung" kommt es nicht auf die Bezeichnung oder den Namen, sondern auf das Wesen der Sache an. Dient der „Vortrag auf neue Rechnung" dazu, in Jahren schlechter Konjunktur die im Interesse der Konservierung des Unternehmens notwendige Dividendenverteilung zu ermöglichen, liegt einfach ein sogen. „Dividendenreservefonds" vor und was dorthin aus den Ueberschüssen abgeführt wird, ist steuerpflichtig.

Nr. 48.

Entsch. des V. Senats, 1. Kammer, vom 19. Mai 1894 — A. 1931/93 — Bd. III S. 61.

Nach § 16 Abs. 2 des Einkommensteuergesetzes und Art. 27 No. 4 der Ausführungsanweisung soll die Feststellung des steuerpflichtigen Teiles der

Ueberschüsse der Actiengesellschaften u. s. w. nach den aus den thatsächlichen Betriebsverhältnissen des Unternehmers sich ergebenden Merkmalen ergeben, welche für die Gewinnerzielung vornehmlich bestimmend sind. Wenn mit Rücksicht hierauf bei einer Eisenbahngesellschaft mit dem Sitze außerhalb Preußens, deren Betrieb sich über preußisches und nicht-preußisches Gebiet erstreckt, das feststehende Teilungsobject angesicht der ebenfalls feststehenden Unthunlichkeit einer gesonderten Ermittelung des aus preußischem Gewerbebetrieb erzielten Gewinns nach dem Verhältnisse der in Preußen belegenen Bahnstrecken zu der Gesammtlänge der Bahnen der Gesellschaft geteilt worden ist, so ist durch die Wahl dieses Verteilungsmaßstabes das bestehende Recht nicht verletzt worden. Es ist zwar nicht in Abrede zu stellen, daß unter Umständen auch ein anderer Maßstab sich verteidigen läßt. Die Teilung nach dem Verhältnisse der auf den preußischen Stationen eingegangenen Betriebseinnahmen zu den gesammten Betriebseinnahmen oder auf der Grundlage des Verhältnisses der Ausgaben an Gehältern und Löhnen, wie dies das Kommunalabgabengesetz vom 27. Juli 1885 vorschrieb, ist aber rechtswidrig. Jedenfalls hat der Gesetzgeber für die Staatseinkommensteuer jene Bestimmungen aus dem K. A. G. vom 27. Juli 1885 absichtlich nicht übernommen.

Nr. 49.

Entsch. des V. Senats, 1. Kammer, vom $\frac{\text{28. April 1894}}{\text{16. Juni 1894}}$ — A. $\frac{1967/93}{1909/94}$ —
Bd. III S. 34/40.

1) Unter den Begriff der Zinsen gehören alle Vorteile, die sich der Gläubiger für die Hingabe der dargeliehenen Gelder ausmacht. Haben sich bei der Prioritätsanleihe durch eine Aktiengesellschaft die Gläubiger die Auszahlung einer bestimmten Summe und weiter die Zuzahlung einer Prämie für die Hingabe des Geldes bedungen, die nicht sofort, sondern anteilig mit jeder Abschlagszahlung zu entrichten und ebenso wie der Stamm zu verzinsen ist, ist die Gesellschaft berechtigt, ihre Betriebsausgaben oder Jahres-Unkosten 4 % der geleisteten Abschlagszahlung zuzusetzen. Der ausbedungene Aufschlag trägt nicht den Charakter einer Kapitalschuld, hat vielmehr wie jeder Gewinn und Vorteil, den der Schuldner dem Gläubiger für die Benutzung des Geldes gewährt, die Natur von Zinsen. — (T. I Tit. 11 §§ 803, 810 A. L. R.'s und Ausführungsanweisung vom 5. 8. 1891 Art. 8 litt. c.)

2) In dem zurückzuzahlenden Nominalbetrage der Anlage besteht eine Schuld im Sinne des § 16 des Einkommensteuergesetzes nur bis zum Belaufe der erhaltenen Valuta; was verschiedenerweise mehr gezahlt worden ist, sind Betriebs-Unkosten, die aus dem Anleihegeschäft erwachsen.

Nr. 50.

Entsch. des V. Senats, 1. Kammer, vom 23. Oktob. 1894 — A. 3338/93 — Bd. III S. 105.

1) Uebernimmt ein Dritter der Aktiengesellschaft gegenüber die Gewähr dafür, daß den Aktionären eine bestimmte Dividende in Prozenten gezahlt wird, dann ist der von dem Dritten der Gesellschaft gezahlte Gewährsbeitrag steuerpflichtig.

2) Eine Aktiengesellschaft, welche in Preußen einen Sitz hat, ist nach § 1 Ziffer 4 des Einkommensteuergesetzes mit ihrem Gesammteinkommen in Preußen steuerpflichtig, ohne daß zu Gunsten des Einkommens aus einem ausländischen Gewerbebetriebe (Filiale) eine Ausnahme besteht.

Nr. 51.

Entsch. des V. Senats, 2. Kammer, vom 10. Mai 1894 — B. 3075/93 — Bd. III S. 41.

Die Berechnung des Einkommens aus Dividenden erfolgt nach dem Durchschnitte der in den letzten 2 Jahren verteilten Dividenden. Für die Durchschnittsberechnung kommen aber nicht die Geschäftsjahre der Aktiengesellschaften, sondern lediglich die Wirtschaftsjahre der Censiten und diejenigen Dividenden in Betracht, welche in den beiden vorhergegangenen Wirtschaftsjahren des Pflichtigen auf die bezüglichen Aktien verteilt worden sind. Dabei ist natürlich die Verteilung nicht im Sinne der thatsächlichen Auszahlung, sondern nur im Sinne der Begründung des Gläubigerrechtes auf die Dividenden aufzufassen, welches für die Aktionäre in dem Zeitpunkte entsteht, in dem die Dividende für einen bestimmten Zeitraum ordnungsmäßig von der zuständigen Stelle festgestellt und die Auszahlung derselben beschlossen wird. — (cfr. Ergänz. Bd. 1894 S. 91 Nr. 15).

Nr. 52.

Entsch. des V. Senats, 1. Kammer, vom 30. November 1894 — A. 2092/94 — Bd. III S. 146.

1) Eine im Auslande (Oesterreich) domizilierte Actiengesellschaft, welcher der Preußische Eisenbahnfiskus auf einer in Preußen belegenen Eisenbahnstation und Strecke den Eisenbahnbetrieb gegen Vergütung überlassen hat, ist gemäß § 2 b des Einkommensteuergesetzes aus der gewerblichen Betriebsstätte in Preußen auf dem Bahnhof und dem Schienengeleise steuerpflichtig. Daß ihr die Bahn auf preußischem Gebiet nicht gehört, ist ohne Bedeutung.

2) Bildet eine solche Teilstrecke in Preußen kein selbständiges Unternehmen derart, daß daraus eine besondere Gewinnberechnung aufstellbar ist, steht derselbe vielmehr in enger Verbindung mit dem Gesammtunternehmen, dann kann die Aussonderung des Preußischen Anteils nur nach den aus den

thatsächlichen Betriebsverhältnissen des Unternehmens sich ergebenden Merkmalen, welche für die Gewinnerzielung vornehmlich bestimmend sind (Art. 27 No. 4 Abs. 3), erfolgen d. h. im vorliegenden Falle nach der Streckenlänge. Ist demnach die Gesammtstrecke der Bahn 936,005 km lang, die preußische Strecke 6,121 km und der Gesammtreinertrag 1107,484 fl., so ergiebt sich das Verhältnis vermöge der Proportion 936,005 : 6,121 = 1107484 : X.

Nr. 53.

Entscheidung des V. Senats, 1. Kammer, vom 9. Juni 1894 — A. 2798/93 — Bd. III S. 55.

1) Jede Actiengesellschaft hat nur einen Sitz und dieser bestimmt sich nach dem Inhalte des Gesellschaftsvertrages (Statuts) und Art. 209 No. 1 des Handelsgesetzbuches.

2) Bei einer Actiengesellschaft mit dem Sitz außerhalb Preußens ist grundsätzlich nur ein Teil der Gesammtüberschüsse steuerpflichtig und zwar derjenige, welcher auf den Geschäftsbetrieb in Preußen entfällt (§ 16 des Einkommensteuergesetzes). Wie er zu finden ist, giebt Art. 27 Nr. 4 der Ausführungsanweisung die erforderliche Anleitung; er ist regelmäßig das Ergebnis der dort vorgezeichneten proportionalen Rechnung; es sind die Merkmale aufzusuchen, welche für die Gewinnerzielung vornehmlich bestimmend sind. Es ist aber nicht entscheidend, ob sie, einzeln oder mehr oder minder vereinigt, so geartet erscheinen, daß da, wo sie zu Tage treten, ein stehender Gewerbebetrieb anzunehmen ist oder nicht. Wenn zuverlässige Anhaltspunkte über ein derartiges ziffernmäßiges Ergebnis fehlen, bleibt nur die Schätzung auf der Grundlage verständigen Ermessens übrig.

II.

Abzugsfähige Ausgaben.

(Einzuschalten auf Seite 110 des Ergänzungsbandes 1894.)

Nr. 42.

Entsch. des V. Senats, 1. Kammer, vom 13. Juni 1894 — A. 15/94 — Bd. III S. 68.

Während § 1 des Einkommensteuergesetzes nur Personen behandelt, deren Besteuerung unter Zusammenfassung der vollen Steuerkraft zu bemessen ist, handelt der § 2 a. a. O. von beschränkt steuerpflichtigen Personen, für die nur vereinzelte Steuerquellen den Besteuerungsgrund und Maßstab ab-

geben. Kennt aber § 2 nur Besteuerung nach einzelnen Quellen, die losgelöst sind von der gesammten persönlichen Steuerkraft und Leistungsfähigkeit, so entspricht es dem Wesen einer solchen Besteuerung, daß nur die sachlich damit verbundenen bezw. die darauf haftenden Ausgaben abgesetzt werden dürfen, um das Reineinkommen aus dieser für sich zu betrachtenden Quelle darzustellen. Auf Ausgaben, die der Steuerpflichtige persönlich zu decken hat, kommt es garnicht dabei an, wenn auch sonst diese Ausgaben zu Gunsten der unbeschränkt Steuerpflichtigen für abzugsfähig von ihrem Gesammteinkommen im Gesetz erklärt sind.

Nr. 43.

Entsch. des V. Senats, 3. Kammer, vom 15. November 1894 — C 572/94 — Bd. III S. 110.

1) Auf allgemein gesetzlicher Verbindlichkeit beruhende Leistungen sind nicht abzugsfähig. Der Unterhalt, welchen nach aufgehobener väterlicher Gewalt Eltern ihren Kindern, sowie Geschwister einander auf Grund des A. L. R.'s T. II Tit. 2 §§ 251 ff. bezw. Tit. 3 § 15 verabreichen, stellt sich daher als auf besonderen Rechtstiteln beruhende Last auch dann nicht dar, wenn derselbe vertragsmäßig festgestellt ist. Leistungen dagegen, welche darüber hinausgehen, sind abzugsfähig, wobei es auch auf die formelle Rechtsgültigkeit der Verträge ankommt. Nach dieser Richtung ist zu berücksichtigen, daß nach T. I. Tit. 11 §§ 1063, 1064 Schenkungsverträge gerichtlich abgeschlossen werden sollen, und daß aus einem außergerichtlichen, wenn auch schriftlichen Schenkungsvertrage in der Regel nicht auf Erfüllung geklagt werden kann. Daneben kommt aber in Betracht, daß, wenn Personen, welche eine andere nach den Gesetzen auszustatten schuldig sind, eine gewisse Summe oder Sache zur Ausstattung oder auch zum Brautschatze ausdrücklich versprochen haben (§ 1047 ibid.), ein darüber in rechtsgültiger Form abgefaßter Vertrag als ein lästiger anzusehen ist. Ferner kann nach T. I Tit. 5 § 165 A. L. R.'s die Vollziehung der Ehe einen klagbaren Anspruch auf eine vorher auch nur mündlich versprochene derartige Zuwendung im Werte von über 150 Mark begründen.

2) Auch lediglich schriftliche, nicht gerichtlich zugesicherte fortlaufende Unterstützungen an die Wittwe eines früheren Beamten sind abzugsfähig, weil diese Zuwendungen den Character belohnender Schenkungen an sich tragen und weil die Zusicherungen auf die frühere Beamtenstellung des verstorbenen Ehemanns Bezug haben (T. I Tit. 2 § 1173 A. L. R.'s). Daran ändert der Vorbehalt des Widerrufs derartiger Zusicherungen nichts.

Nr. 44.

Entsch. des V. **Senats, 1. Kammer, vom 17. Novemb. 1893** — A. 1075/95 —
Bd. III S. 1.

Handelt es sich um eine übernommene Verbindlichkeit zum Zweck einer Eheschließung oder zur Einrichtung einer Wirtschaft und beruht diese Leistung auf einem mündlichen Legat, so ist über den Inhalt der behaupteten Versprechen seitens des Erblassers sowie des Verpflichteten und über die Zeit und Umstände, unter denen sie verlautbart sind, im Zweifelsfalle Beweis zu erheben. Die mündliche Form der Zusagen bildet im allgemeinen kein Hindernis, sie als rechtswirksam zu behandeln. — (cfr. auch § 172 Tit. 12 T. I A. L. R.'s.)

Nr. 45.

Entsch. des V. **Senats, 1. Kammer, vom 24. Novemb. 1894** — A. 2903/93 —
Bd. III S. 144.

Nur die wirklich gezahlten Versicherungsbeiträge sind abzugsfähig. Rücklagen zum Zweck der sogenannten Selbstversicherung stehen den gezahlten Versicherungsbeiträgen nicht gleich, weil eben keine Versicherung stattgefunden, auch keine Beiträge geleistet sind. Durch solche Rücklagen ist nur eine Reserve zur Ausgleichung künftiger Fehlbeträge geschaffen, die das Vermögen der Gesellschaft nur vermehrt und daher nach § 16 des Einkommensteuergesetzes zu versteuern ist.

Nr. 46.

Entsch. des V. **Senats vom 20. November 1894** — V 20./94. —
Bd. III S. 134.

Die Erbschaftssteuer ist von dem zur Einkommensteuer zu veranlagenden Einkommen nicht in Abzug zu bringen, auch dann nicht, wenn sie infolge des Anfalls eines Fideikommisses im Inlande oder im Auslande zu entrichten ist.

Nr. 47.

Entsch. des V. **Senats, 1. Kammer, vom 8. Januar 1895** — A. 3623/94 —
Bd. III S. 178.

Kosten, welche ein Gutsherr für sein Arbeitspersonal in Krankheitsfällen nach örtlicher Gewohnheit und Sitte aufwendet, sind als Wirtschaftsunkosten abzugsfähig.

Nr. 48.

Entsch. des VI. **Senats, 2. Kammer, vom 22. Januar 1895** — B. 3871/93 —
Bd. III S. 185.

Aufwendungen für ein Gebäude sind von dem zur Einkommensteuer zu veranlagenden Einkommen abzugsfähig, wenn sie zur Instandhaltung oder

Reparatur, d. h. zum Ersatz für defekte Teile des Gebäudes dienen, ohne Rücksicht darauf, ob sie auf mehrere Jahre hätten verteilt werden können, oder ob sie gleichzeitig in bedeutendem Umfange vorgenommen worden sind, sowie ohne Rücksicht darauf, daß das Gebäude durch die Ausführung der Reparaturen im Vergleich zu dem Zustande, in welchem es sich vor der Vornahme befand, verbessert worden ist. Nicht abzugsfähig dagegen sind Aufwendungen, wenn sie nicht zur Wiederherstellung des ursprünglichen Zustandes des Gebäudes, sondern zur Herstellung eines anderen Zustandes, der im Vergleich zu jenem als ein besserer sich darstellt, erfolgt sind.

Nr. 49.

Entsch. des V. Senats, 1. Kammer, vom 1. Februar 1895 — A. 3108/93 — Bd. III S. 191.

Ein Abzug städtischer Grund- oder Haussteuer von dem steuerpflichtigen Einkommen aus Grundvermögen ist unzulässig. Wenn die Haussteuer nach dem städtischen Regulativ auch als eine auf den Grundstücken haftende Grundabgabe erhoben wird, so hat und behält sie doch die Natur einer Kommunalabgabe. Als solche kann sie aber nach Lage der Gesetzgebung, die nur für die unter den Kommunalabgaben begriffenen Deichlasten eine Ausnahme statuiert, bei der Besteuerung physischer Personen nach Einkommen aus Grundvermögen nicht in Abzug gebracht werden (§ 9 I. Nr. 4 des Eink.-St.-G., Art. 16 I. Litt. e der Ausführungsanweisung); insbesondere ist die Haussteuer nicht als eine indirekte, zu den Geschäftsunkosten gehörige aber doch als eine Ausgabe zu bezeichnen, die zur Erwerbung, Sicherung und Erhaltung des Einkommens dient (§ 9 I Nr. 1 a. a. O.).

Nr. 50.

Entsch. des V. Senats, 2. Kammer, vom 21. März 1894 — B. 2698/93 — Bd. III S. 192.

Eine städtische Grundsteuer ist ebenso wie die Kirchensteuer eine direkte Abgabe und darf deshalb vom Einkommen aus Grundvermögen nicht abgezogen werden.

III.

Berücksichtigung der persönlichen Leistungsfähigkeit.

(Einzuschalten auf Seite 111 des Ergänzungsbandes 1894).

Nr. 8.

Entscheidung des V. Senats, 1. Kammer, vom 21. Sept. 1894 — A. 2112/93 — Bd. III S. 90.

Der Umstand, daß ein nach Abgabe der Steuererklärung, aber noch vor Beginn des Steuerjahres eingetretener Unglücksfall nicht innerhalb des Zeitraumes liegt, welcher für die Berechnung des Durchschnittseinkommens aus dem Grundbesitz maßgebend ist — Art. 5 No. 2 der Ausführungsanweisung vom 5. August 1891 —, schließt die Anwendung des § 19 a. a. O. nicht aus, da nicht das steuerpflichtige Einkommen, sondern nur der festzusetzende Steuersatz durch § 19 beeinflußt wird.

IV.

Steuerveranlagung und Beanstandungsverfahren.

(Einzuschalten auf Seite 115 des Ergänzungsbandes 1894.)

Nr. 37.

Entsch. des V. Senats, 1. Kammer, vom 17. Januar 1895 — C. 2285/93 — Bd. III S. 181.

Nach § 18 Abs. 2 des Reichsgesetzes über den Verlust der Reichsangehörigkeit vom 1. Juni 1870 wird die erteilte Entlassung aus der Preußischen Staatsangehörigkeit von Anfang an ungültig, falls der Nachsuchende nicht binnen 6 Monaten vom Tage der Aushändigung der Entlassungsurkunde seinen Wohnsitz außerhalb des Reichsgebiets verlegt hat. Unter Verlegung des Wohnsitzes ist aber eine „effective“ Auswanderung gemeint, d. h. eine Trennung von dem bisherigen Wohnsitze mit der Absicht, sich nicht blos vorübergehend im Auslande aufzuhalten, sondern künftig seinen Wohnsitz im gewöhnlichen Sinne, also den Mittelpunkt seiner Thätigkeit und seiner Verhältnisse, im Auslande zu nehmen. Eine bloße polizeiliche An- und Abmeldung, verbunden mit einem nur vorübergehenden Aufenthalte im Auslande, reicht keineswegs ohne weiteres für die Annahme einer wirklichen, ernsthaft gemeinten Auswanderung aus. Es ist vielmehr im einzelnen Falle lediglich eine unter Würdigung der gesammten Sachlage zu entscheidende rein thatsächliche Frage, ob sich jemand in das Ausland entfernt hat in der Absicht, sich dort dauernd niederzulassen oder nur vorübergehend aufzuhalten.

Hat bei vorstehender Voraussetzung somit ein Steuerpflichtiger die Preußische Staatsangehörigkeit nicht verloren, ist er auch entsprechend den Vorschriften der §§ 1, 7 des Einkommensteuergesetzes mit seinem gesammten Einkommen — einschließlich desjenigen aus ausländischem Gewerbe und Grundbesitz — zur Staatseinkommensteuer heranzuziehen.

Nr. 38.

Entsch. des V. Senats, 1. Kammer, vom 8. Januar 1895 — A. 3623/94 — Bd. III S. 178.

Der Steuerpflichtige hat kein Recht zu beanspruchen, daß seine eigenen Schätzungen in der Steuererklärung so lange maßgebend bleiben müßten, als nicht berechtigte Zweifel an ihrer Richtigkeit auftauchen. Die Höhe des steuerpflichtigen Einkommens wird lediglich von der dazu berufenen Behörde bestimmt nach ihrem pflichtmäßigen Ermessen. Handelt es sich um Bestimmung des Mietswerts der eigenen Wohnung, so ist der Gebäudesteuernutzungswert derselben nicht entscheidend. Ebensowenig sind bei Feststellung der Haushaltungskosten für das Gesinde die bei der Gemeindebesteuerung angenommenen Normalsätze für die Naturalbezüge des Gesindes maßgebend.

Nr. 39.

Entsch. des VI. Senats, 2. Kammer, vom 21. August 1894 — B 3392/93 — Bd. III S. 171 —

Nach § 11 Absatz 3 Z. 1 des Einkommensteuergesetzes vom 24. Juni 1881 sind selbständig zu veranlagen Ehefrauen, wenn sie dauernd von dem Ehemann getrennt leben. Diese Bestimmung findet keine Anwendung auf den Fall, in welchem der Ehemann eine Freiheitsstrafe von längerer Dauer verbüßt. Eine Ehefrau kann überhaupt nicht zur Staatseinkommensteuer herangezogen werden, es sei denn, daß sie von ihrem Ehemanne dauernd getrennt lebt.

Nr. 40.

Entsch. des V. Senats, 1. Kammer, vom 28. Sept. 1894 — A 1402/94 — Bd. III S. 95 —

Nach § 25 des Einkommensteuergesetzes vom 24. Juni 1891 sind Steuerpflichtige, welche bisher noch nicht mit einem Einkommen von mehr als 3000 Mk. zur Einkommersteuer veranlagt sind, zur Abgabe einer Steuererklärung verpflichtet, sobald eine besondere Aufforderung des Vorsitzenden der Veranlagungskommission an sie ergeht, und nach § 53 daselbst ist diese Aufforderung durch einen öffentlichen Beamten unter Bescheinigung der Behändigung an den Steuerpflichtigen zuzustellen. Die Aufforderung zur Steuererklärung ist nicht rechtswirksam erfolgt, wenn ihre Zustellung nicht in der Wohnung an einen zu der Familie gehörenden erwachsenen Hausgenossen oder im Geschäftslokal des Steuerpflichtigen geschehen ist. Geht aus der Behändigungsbescheinigung über den Ort der Zustellung nichts hervor, so ist sie zum Nachweise der geschehenen vorschriftsmäßigen Zustellung nicht geeignet.

Nr. 41.

Entsch. des V. Senats, 1. Kammer, vom 16. Novemb. 1894 — A 2206/94 —
Bd. III S. 113.

Nach § 24 Einkommensteuergesetzes hat jeder bereits mit einem Einkommen von mehr als 3000 Mk. zur Einkommensteuer veranlagte Steuerpflichtige der öffentlichen Aufforderung zur Abgabe der Steuererklärung Folge zu leisten. Als „veranlagt" kann aber nur derjenige gelten, gegen dessen bezügliche Veranlagung kein Rechtsmittel eingelegt oder dessen Veranlagung auf dagegen eingelegte Rechtsmittel in der erforderlichen Höhe von mehr als 3000 Mk. Einkommen endgültig aufrecht erhalten ist. Ist dies nicht der Fall, besteht die allgemeine gesetzliche Deklarationspflicht nicht, und kann eine Deklarationspflicht nur gemäß § 25 a. a. O. durch besondere Aufforderung zur Entstehung gelangen. — Besteht aber keine Deklarationspflicht, kann auch der Fall des § 30 a. a. O. mit seinen Rechtsnachteilen wegen versäumter Abgabe der Steuererklärung nicht eintreten.

Nr. 42.

Entsch. des V. Senats vom 20. November 1894 — V. 19/94 —
Bd. III S. 125.

Im Falle eines Erbanfalls darf nur der Universalsuccessor anderweit innerhalb desselben Steuerjahres veranlagt werden, nicht aber auch der Vermächtnisnehmer als solcher. Die entgegenstehende in einem früheren Urteil vom 3. April 1894 zur Geltung gebrachte Auffassung war fernerhin nicht aufrecht zu erhalten.

Die amtliche Begründung zu § 57 des Einkommensteuergesetzes erklärt die nach dem geltenden Rechte infolge des Todes des Erblassers während des laufenden Steuerjahres eintretende zeitweise Freistellung erheblicher Objekte von der Steuer als mit den Grundsätzen einer gerechten Besteuerung nicht vereinbar; diese sollen vielmehr bedingen, daß der dem Staat durch den fraglichen Todesfall erwachsene Ausfall schon innerhalb des Steuerjahres durch die entsprechend höhere Besteuerung „des Erben" gedeckt werde. Unter den erheblichen Objekten, deren Freilassung infolge des Todes des Erblassers während des laufenden Steuerjahres als mit den Grundsätzen einer gerechten Besteuerung nicht vereinbar bezeichnet werden, können ja an sich ohne Zweifel außer der reinen Erbschaftsmasse auch Vermächtnisse verstanden werden. Erwägt man jedoch, daß thatsächlich und für die Regel der erheblichste Teil der von Verstorbenen hinterlassenen Objekte ihren Erben, nicht aber Vermächtnisnehmern zuzufallen pflegt, so liegt die Annahme sehr nahe, daß der

Verfasser der Motive zur Vermeidung kleinlicher Erörterungen und, ohne mit jenen Grundsätzen in Widerspruch zu geraten, aus Zweckmäßigkeitsrücksichten es für ausreichend erachtet hat, auf die Deckung der infolge des Todes von Steuerpflichtigen im Steuerjahre entstehenden Ausfälle nur insoweit Bedacht zu nehmen, als solches durch Heranziehung „der Erben" geschehen konnte, daß von der anderweiten Veranlagung der Vermächtnisnehmer aber abgesehen werden sollte. Thatsächlich sprechen denn auch die Motive nur von einer höheren Besteuerung der Erben.

Nr. 43.

Entsch. des V. **Senats vom** 20. **November** 1894 — V. 21/94 — **Bd.** III S. 130.

In § 57 des Einkommensteuergesetzes ist von der allgemeinen Regel, daß Einkommensveränderungen während des laufenden Steuerjahres die erfolgte Veranlagung nicht berühren sollen, eine Ausnahme beim Erbanfall gemacht. Die Erben sollen anderweit veranlagt werden, d. h. entsprechend der Vermehrung ihres Einkommens. Es handelt sich hierbei nicht um Berichtigung einer ersten, an sich unrichtigen Veranlagung gemäß § 80 a. a. O., sondern um die Vornahme einer zweiten, nur für einen gewissen Abschnitt des Steuerjahres wirksame Veranlagung. Damit ist die Zerlegung der neuen Veranlagung in 2 Hauptfactoren derart gegeben, daß erstens die schon früher festgestellte Summe des Einkommens und zweitens die Summe des ererbten Einkommens in die Rechnung einzustellen sind. Niemals kann aber eine Herabminderung der zuerst erfolgten Veranlagung, die nicht im Wege der Berufung und Beschwerde für sich angegriffen ist, das Resultat sein, selbst dann nicht, wenn durch den Erbanfall eine Verminderung des bei der früheren Veranlagung festgestellten Einkommens eintreten sollte.

Nr. 44.

Entsch. des V. **Senats. 1. Kammer, vom 4. Januar** 1895 — A. 2877/95 **Bd.** III S. 177.

Eine im Steuerjahre eingetretene Gehaltserhöhung rechtfertigt eine Steuererhöhung nicht, auch wenn die Mehrbesoldung nachträglich vom 1. April ab nachgezahlt wird.

Nr. 45.

Entsch. des V. **Senats, 1. Kammer, vom 18. Dezember 1894** — A. 3257/94 — **Bd.** III S. 167.

Führt der Steuerpflichtige Handelsbücher, so sind die Bücherabschlüsse der maßgebenden Geschäftsjahre nebst den vorschriftsmäßigen Bilanzen der Gewinnberechnung zu Grunde zu legen. — Hat jemand aber bis zur vorgeschriebenen Abgabe der Steuererklärung (20. Januar 1894) bei dem Umfange seines Geschäfts die Ergebnisse des Vorjahres noch nicht feststellen können, hat er ein gesetzlich gewährleistetes Recht darauf, am 20. Januar 1894 das Jahr 1893 außer Betracht zu lassen. — In der Weise zu verfahren, daß in allen Fällen, in denen die Censiten z. Z. der Veranlagung, bezw. der Einreichung der Steuererklärung das mit dem Kalenderjahre zusammenfallende Geschäftsjahr thatsächlich nicht abgeschlossen, auch keinen Fristverlängerungsantrag für die Steuererklärung angebracht haben, das letzte Jahr schätzungsweise eingestellt wird, ist mit dem Gesetz unverträglich. Die Ausführungsanweisung (Art. 5 Nr. 2) spricht ausdrücklich von dem Jahre, dessen Ergebniß festgestellt werden kann.

Nr. 46.

Entsch. des V. Senats, 1. Kammer, vom 23. Mai 1894 — A. 1223/93 — Bd. III S. 201.

1) Liegt eine Steuererklärung vor und werden Bücher als Beweis angeboten, so ist zu einer summarischen Schätzung kein Anlaß gegeben. — Dem Pflichtigen muß im Wege der Beanstandung mitgeteilt werden, welche seiner Angaben der Aufklärung und des Nachweises bedürfen; Abzüge einfach als unsubstantiiert zu streichen, ist unstatthaft.

2) Wird eine Steuererklärung auch seitens der Berufungskommission beanstandet, so muß das im Art. 55 der Ausführungsanweisung vorgeschriebene Verfahren durchgeführt, der für nötig erachtete Beweis gefordert und erhoben und schließlich dem declarierten Einkommen zugesetzt werden, was etwa an Einnahmen garnicht oder zu gering und an Ausgaben zu hoch oder überhaupt zu Ungebühr eingestellt ist. Wo Schätzung einzelner Positionen geboten ist, treten die Resultate derselben in die Gesammtberechnung ein.

V.

Rechtsmittel.

(Einzuschalten auf Seite 116 des Ergänzungsbandes 1894.)

Nr. 30.

Entsch. des V. Senats, 1. Kammer, vom 18. September 1894 / 2. November 1894 — A. 2225/93 / 2122/94 — Bd. III. S. 97. / 99.

1) Wird jemand infolge einer der Behörde erst nachträglich bekannt gewordenen Thatsache gemäß § 80 des Einkommensteuergesetzes nochmals inner-

halb des Steuerjahres veranlagt, so tritt diese neue Veranlagung an Stelle der ersten, und es steht dem Censiten uneingeschränkt das Rechtsmittel der Berufung zu. Es ist ohne Belang, daß die erste Veranlagung s. Z. nicht angegriffen worden ist. Von einer Rechtskraft der unrichtigen Veranlagung kann weder zu Gunsten noch zu Ungunsten des Pflichtigen die Rede sein.

2) Dem Steuerpflichtigen muß in der Berufungsentscheidung kenntlich gemacht werden, nach welchen Quellen und Rechtsnormen sich das die erste Veranlagung übersteigende Einkommen ergiebt (Art. 66 Ausführungs-Anweisung und Circular-Verfügung des Finanzministers vom 28. November 1892). Solange dies nicht geschieht, befindet sich der Steuerpflichtige in der Unmöglichkeit zu prüfen, ob bei dem Bescheide der Thatbestand des § 44 des Einkommensteuergesetzes anzutreffen ist oder nicht.

Nr. 31.

Entsch. des VI. Senats, 2. Kammer, vom 26. Juni 1894 — B. 1438/94 — Bd. III. S. 80.

Ist auf die Beschwerde der Einkommensteuerpflichtigen gegen die Entscheidung der Berufungskommission mit dem Antrage auf Ermäßigung oder Freistellung von der Steuer vom Ober-Verwaltungsgericht die Sache zur anderweiten Entscheidung an die Berufungskommission zurückgegeben, so darf diese Kommission keinen höheren Steuersatz als in der ersten Entscheidung festsetzen.

Nr. 32.

Entsch. des V. Senats, 2. Kammer, vom 14. Februar 1895 — B. 1082/94 — Bd. III. S. 195.

1) Die Berufungskommission hat selbständig zu beurteilen, ob die von der Veranlagungskommission unternommene Beweisaufnahme für abgeschlossen gelten kann oder noch der Ergänzung bedarf. Ließ das bisherige Ergebnis der Beweisaufnahme (Büchereinsicht) ungewiß, ob die vorgelegten Notizen überhaupt oder für gewisse Positionen vollständig und richtig waren, ist eine Ergänzung der Verhandlungen unausbleiblich. Keinesfalls darf dem Censiten die Nichtbeseitigung jenes Zweifels an der Vollständigkeit und Richtigkeit der Bücher und damit an der Richtigkeit der Steuererklärung im Sinne des § 38 Einkommensteuergesetzes zum Schaden gereichen, bevor ihm nicht von zuständiger Seite über die noch bestehenden Bedenken eine Eröffnung gemacht und zur Aufklärung Gelegenheit gegeben war.

2) In der Begründung des Berufungsbescheides ist ersichtlich zu machen, ob die Steuerfestsetzung auf Grund einer summarischen Schätzung oder ob

teils auf Rechnung (mit Benutzung erwiesener Unterlagen), teils auf Schätzung stattgefunden hat, ferner in welchen Positionen den Angaben des Censiten gefolgt werden konnte. Dessen bedarf es auch dann, wenn Gegenstand der Beweisaufnahme nicht der gesammte, für die Beurteilung maßgebende Thatbestand ist. Gelingt einem Censiten der Beweis nur für ein oder zwei statt für drei Jahre, so muß die Schätzung eines abweichenden dreijährigen Durchschnitts sachlich begründet werden. Setzt sich das Einkommen einer Quelle teils aus rechnungsmäßig festgestellten, teils aus Positionen zusammen, die nur durch Veranschlagung gefunden werden können, so ist eine summarische Schätzung in der Regel nicht angemessen. Derselbe Grundsatz führt dahin, daß Kollektivschätzung des gewerblichen Einkommens bei dem Vorhandensein mehrerer, nicht in sachlichem Zusammenhange stehender Betriebe (z. B. aus Schmiedehandwerk und Gastwirtschaft) unanwendbar ist, wenn Beweismaterial für die verschiedenen Betriebe beigebracht wird.

3) Dem Vorsitzenden der Veranlagungskommission können von der Berufungskommission zum Zweck der Beweisaufnahme und gewisser Aufforderungen an den Censiten (fortgesetzte Beanstandung) Aufträge erteilt werden; dies muß aber in den Aufträgen dem Censiten gegenüber zum Ausdruck gebracht werden. Bei Verwendung subalterner Hilfsbeamten sind hierbei aufs genauste die Vorschriften der Finanz.-Min.-Verf. vom. 8. 7. 1891 zu beachten. Der Vorsitzende der Veranlagungskommission hat auch in einem solchen Falle nur eine begutachtende Thätigkeit und darf persönliche Verhandlungen mit dem Steuerpflichtigen, die dieser nachsucht, nur aus dringenden Gründen ablehnen.

Nr. 33.

Entsch. des VI. Senats vom 14. Februar 1895 — VI 4/94 —
Bd. III S. 204.

Eine Entscheidung der Berufungskommission über den Kostenpunkt darf nur gleichzeitig mit der Entscheidung über den Steuersatz in der Beschwerde bei dem Ober-Verwaltungsgericht angegriffen werden.

Sechste Abteilung.

Entscheidungen in Gewerbesteuersachen.

I.

Besteuerungsmerkmale und Doppelbesteuerung.

Nr. 1.

Entsch. des VI. Senats, 1. Kammer, vom 17. Januar 1895 — G. 32/93 — Bd. III S. 389.

Gewerbliche Unternehmer mit dem Sitze außerhalb Preußens unterliegen nach § 2 des Gewerbesteuergesetzes der Besteuerung nur dann, wenn sie in Preußen durch Errichtung einer Zweigniederlassung, Fabrikations-, Ein- oder Verkaufsstätte oder in sonstiger Weise einen stehenden Betrieb unterhalten. Diese Voraussetzung trifft bei einer außerhalb Preußens belegenen Gesellschaft zu, welche eine Dampferanlegestelle in Preußen hat, an welcher Personen und Güter aufgenommen und abgesetzt werden. In dieser letzteren Thätigkeit liegt ebenso wie bei einer Eisenbahn ein Abschluß von Transportverträgen vor, wobei es gleichgültig ist, ob die Ausgabe und Bezahlung des Fährbillets sofort oder erst während der Fahrt außerhalb des preußischen Gebiets erfolgt. Ebenso unwesentlich ist, ob die Anlegestelle im Eigentum oder zur ausschließlichen Verfügung der Gesellschaft steht.

Nr. 2.

Entsch. des VI. Senats, 1. Kammer, vom 17. Januar 1895 — G. 37/93 — Bd. III S. 391.

1) Es ist jedem Bundesstaat reichsgesetzlich gestattet, den Gewerbebetrieb in seinem Gebiete soweit zu besteuern, als derselbe sich daselbst verwirklicht. Macht ein Staat von diesem Rechte Gebrauch, so ist eine Doppelbesteuerung begrifflich ausgeschlossen.

2) Ein Gewerbebetrieb mit dem Sitz in Preußen bleibt deshalb zwar von der Besteuerung aus den Erträgen der Filialen in anderen Bundesstaaten ausgeschlossen, doch müssen nach § 21 des Gewerbesteuergesetzes auf die in Preußen befindliche Geschäftsleitung $^1/_{10}$ des auf den Gewerbebetrieb in anderen Bundesstaaten entfallenden Ertrages hinzugerechnet werden. Andernfalls muß der Nachweis geführt werden, daß ein Anteil des auf den Gewerbebetrieb in den Bundesstaaten entfallenden Ertrages durch die Geschäftsleitung in Preußen nicht erzielt ist.

II.

Befreiungen.

Nr. 1.

Entsch. des VI. Senats, 1. Kammer, vom 11. Oktober 1894 — G. 53/94 — Bd. III S. 234.

Die Aktiengesellschaft ist nur dann der Gewerbesteuer unterworfen, wenn sie ein Gewerbe betreibt. Ob diese Voraussetzung vorliegt, richtet sich lediglich nach den allgemeinen Grundsätzen über den Gewerbebegriff. Im Zweifelsfall muß ihr gegenüber festgestellt werden, daß und aus welchen Gründen der in Frage kommende Erwerbszweig einen Gewerbebetrieb darstellt.

Wenn eine Aktiengesellschaft neben einander zwei selbständige, von einander unabhängige Erwerbszweige verfolgt, von denen der eine einen Gewerbebetrieb darstellt, der andere aber keinen gewerblichen Charakter trägt, so kann man aus dieser Verbindung noch nicht unter allen Umständen auf die gewerbliche Natur des gesammten Unternehmens folgern; es behält vielmehr jeder Zweig seinen objektiven Charakter, der eine als Gewerbebetrieb, der andere als nicht gewerbliche Thätigkeit. Wenn z. B. eine Aktiengesellschaft statutenmäßig bezweckt, Güter und Grundstücke zum Zweck des Betriebes von Land- und Forstwirtschaft, oder von Obst- und Weinbau zu erwerben, daneben aber rein gewerbliche Anstalten, wie Zucker-, Stärke, Konservenfabriken 2c. zu betreiben, so ist sie wegen der letzten Anstalten Gewerbetreibende, wegen der ersteren Betriebe nicht und deshalb nur hinsichtlich der letzteren Anstalten zur Gewerbesteuer heranzuziehen.

Kennt dagegen die Aktiengesellschaft — was die Regel sein wird — statutenmäßig nur einen rein gewerblichen Gesammtbetrieb, dann ist auch das gesammte Anlage- und Betriebskapital einheitlich gewerbesteuerpflichtig. Wenn eine solche Aktiengesellschaft z. B. eine Bank zur Vermeidung von Verlusten Güter, Grundstücke, Häuser ankauft und einstweilen im Besitz behält, so würde sie nicht etwa diesen Immobilienbesitz als außergewerbliches Vermögen behandeln und verwalten und die Erträge der gewerblichen Besteuerung entziehen können. Ebensowenig würde eine solche Gesellschaft befugt sein, die nicht unmittelbar zum Gewerbebetriebe notwendigen Kapitalien auszusondern und als nicht gewerbliche Vermögensteile anzulegen.

In Fällen dieser Art liegt kein selbständiger, von dem Gewerbebetriebe getrennter Erwerbszweck vor, und die bezeichneten Vermögensteile erscheinen lediglich als Mittel zum Zweck des gewerblichen Gesammtbetriebs.

Nr. 2.

Entsch. des VI. Senats, 1. Kammer, vom 11. Oktober 1894 — G. 497/94 — Bd. III S. 240.

Personen, welche nur als Beamte der Versicherungsgesellschaft thätig sind, deren Thätigkeit also nicht als selbständiger Betrieb eines Gewerbes erscheint, müssen steuerfrei gelassen werden. Diejenigen Generalagenten, welche lediglich als Vertreter einer Gesellschaft die Verträge mit den von den Spezialagenten aufgesuchten Personen abschließen und nicht auch daneben unmittelbar ohne Vermittelung von Spezialagenten gegen Entschädigung Geschäfte vermitteln, sind als Beamte anzusehen und deshalb der Gewerbesteuer nicht unterworfen. Hiernach muß, wenn ein Versicherungsagent Steuerfreiheit beansprucht, nach den konkreten Verhältnissen geprüft werden, ob derselbe als Beamter anzusehen ist oder selbständig das Gewerbe als Agent betreibt. Gleichgültig ist dabei, ob die Versicherungsgesellschaft, für die der Agent thätig ist, selbst steuerfrei gelassen werden muß oder nicht; es handelt sich lediglich darum, ob der Betrieb der Agentur ein selbständiger Gewerbebetrieb ist.

Nr. 3.

Entsch. des VI. Senats, 1. Kammer, vom 11. Oktbr. 1894 — G. 25/93 — Bd. III S. 244.

Nach § 4 Nr. 2 des Gewerbesteuerges. vom 24. Juni 1891 und Art. 8 II. der Ausführungsanweisung vom 10 April 1892 sind die landwirtschaftlichen Brennereien der Gewerbesteuer nicht unterworfen. Ebenso wie der Verkauf des in denselben gewonnenen Branntweins muß deshalb auch der blos gelegentliche Verkauf des gewonnenen Nebenprodukts, der Hefe, für gewerbesteuerfrei erachtet werden.

Nr. 4.

Entsch. des VI. Senats, 1. Kammer, vom 11. Oktober 1894 — G. 22/93 — Bd. III S. 245.

Die Voraussetzung der Steuerfreiheit zum Absatz selbstgewonnener Erzeugnisse ist, daß der Betrieb, d. h. der aus der Produktion der Rohstoffe und aus deren Bearbeitung sich zusammensetzende Gesammtbetrieb stets als

Betrieb der Landwirtschaft u. s. w. sich darstellt. Diese Voraussetzung trifft bei der Einrichtung in einer sogenannten Molkerei, eines Kuhstalles zur Milchkur u. s. w. in einer benachbarten Stadt durch einen Landwirt nicht zu. Außerdem ist die Verabreichung von Speisen und Getränken zum Genuß auf der Stelle nicht als Betrieb der Landwirtschaft, sondern als konzessions- und damit auch steuerpflichtiger Betrieb der Speise- oder Schankwirtschaft anzusehen.

Nr. 5.

Entsch. des VI. Senats, 1. Kammer, vom 25. Oktober 1894 — G. 20/93 — Bd. III S. 263.

Die sich lediglich in der Ausarbeitung von Plänen und Zeichnungen bethätigende Ausübung der Baukunst in allen ihren der gegenwärtigen Entwickelung des Bauwesens entsprechenden Zweigen ist gewerbesteuerfrei. Somit kann die Thätigkeit eines Ingenieurs für Gasofenbauten, der nur auf Bestellung Zeichnungen liefert, nicht zur Gewerbesteuer herangezogen werden. (§ 4 Ziffer 7 Gewerbesteuerges. u. Art. 10 Nr. 3 der Ausführungsanweisung.)

Nr. 6.

Entsch. des VI. Senats, 1. Kammer, vom 25. Oktbr. 1894 — G. 605/94 — Bd. III S. 265.

Das „Ausleihen von Baugeldern“ bildet für sich allein ebensowenig ein Gewerbe, wie das Geben von Darlehen oder die sonstige nutzbare Anlegung von Kapitalien. Um den Gewerbecharakter zu begründen, müßte das „Ausleihen“ einen bankmäßigen oder ähnlichen Betrieb darstellen.

Ebensowenig stellt die Ausnutzung und der event. Verkauf von Grundstücken für sich allein einen Gewerbebetrieb dar. Auch aus einem einzelnen Spekulationsgeschäft kann nicht ohne weiteres auf einen gewerblichen Handel mit Immobilien oder einen ähnlichen Gewerbebetrieb geschlossen werden.

Nr. 7.

Entsch. des VI. Senats, 1. Kammer, vom 25. Oktober 1894 — G. 58/93 — Bd. III S. 294.

Die Ausbeutung von Gruben und Brüchen einschließlich des Absatzes der selbstgewonnenen Erzeugnisse ist gewerbesteuerfrei, wenn nicht eine weitere Verarbeitung behufs Darstellung einer Handelsware hinzutritt. (§ 4 Ziff. 4 des Gewerbesteuerges.) Beutet der Besitzer mehrere selbständige Gruben nebeneinander aus, benutzt er aber nur das Erzeugnis einer bestimmten Grube oder einzelner bestimmter Gruben zur Darstellung einer Handelsware z. B. in einer Chamotte- und einer Ziegelfabrik, so tritt deshalb nicht die Steuerpflicht der übrigen Gruben ein, deren Erzeugnisse für sich und getrennt von den weiter verarbeiteten Erzeugnissen in rohem Zustande abgesetzt werden. Der Satz in Art. 9 Nr. 2 Abs. 2 der Ausführungsanweisung: „Die Steuerpflicht erstreckt sich auf den ganzen Umfang des Betriebes“ ist dahin auszulegen, daß unter dem „ganzen Umfang“ nicht die Gesammtheit aller Gruben, sondern nur der ganze Umfang des einzelnen Grubenbetriebes zu verstehen ist, deren Erzeugnisse teils in rohem Zustande weiter verarbeitet werden.

Nr. 8.

Entsch. des VI. Senats, 1. Kammer, vom 6. Dezember 1894 — G. 606/94 — Bd. III S. 336.

Eine mit eigener Wasserkraft betriebene Brettschneidemühle, welche lediglich zur Verarbeitung der im eigenen Forstwirtschaftsbetrieb gewonnenen Hölzer bestimmt ist, ist als ein Betrieb anzusehen, der dem land- und forstwirtschaftlichen Betriebe untergeordnet und im Verhältnis zu diesem nur von nebensächlicher Bedeutung sein muß. Derartige Betriebe sind aber nicht gewerbesteuerpflichtig, auch wenn sie gelegentlich aus Gefälligkeit für Andere Arbeiten mitverrichten. Die Steuerpflicht tritt alsdann ein, wenn die Einrichtungen aus dem Bereiche der reinen Land- und Forstwirtschaft heraustreten und den Charakter selbständiger gewerblicher Unternehmungen annehmen, wie sie auch von anderen Gewerbetreibenden, als Land- und Forstwirten, betrieben werden.

Nr. 9.

Entsch. des VI. Senats, 1. Kammer, vom 6. Dezember 1894 — G. 289/94 — Bd. III S. 359.

Die reinen Versicherungsgesellschaften auf Gegenseitigkeit bleiben bei Ausschließung eines Gewinnzwecks und bei Absonderung von dem allgemeinen wirtschaftlichen Verkehr von der Gewerbesteuer befreit. Es ist deshalb in jedem einzelnen Falle bei solcher Gesellschaft zu prüfen, ob nach den Statuten und der ganzen Art und Weise der thatsächlichen Geschäftsführung diese Voraussetzungen vorliegen oder nicht.

Nr. 10.

Entsch. des VI. Senats, 1. Kammer, vom 31. Januar 1895 — G. 554/94 / 613/94 — Bd. III S. 367 / 371.

Versicherungsgesellschaften auf Gegenseitigkeit betreiben der Regel nach kein steuerpflichtiges Gewerbe; sie können aber zu Gewerbetreibenden werden, wenn sie in der Absicht der Gewinnerzielung, sei es auch nur, um durch die Verwendung des Gewinns zur Verringerung der Beiträge ihrer Mitglieder beizutragen, ihre verfügbaren Fonds zu Geschäften verwenden, welche ihrem Wesen nach als Gewerbebetriebe erscheinen, sich namentlich als eine berufsmäßige Beteiligung am allgemeinen wirtschaftlichen Verkehr darstellen. Die bloße zinsbare Anlegung der verfügbaren Fonds (Sicherheitsfonds) hat diesen Charakter nicht.

Ebensowenig wie der Kapitalist zum Gewerbetreibenden wird, wenn er seine verfügbaren Gelder ausleiht, auf Hypotheken giebt, zum Ankauf von Effekten u. s. w. verwendet, betreibt die Versicherungsgesellschaft auf Gegenseitigkeit ein Gewerbe, wenn sie in solcher Weise ihre Kapitalien anlegt. Hier liegt nur Nutzung des Kapitals, kein Gewerbebetrieb vor; es fehlt hier die berufsmäßige Beteiligung am wirtschaftlichen Verkehr, denn sein Kapital in den allgemein üblichen Formen anzulegen und zu nutzen ist kein Beruf. Damit die Versicherungsgesellschaft auf Gegenseitigkeit, wie der Privatkapitalist, zum Gewerbetreibenden wird, muß die Kapitalnutzung solche Formen annehmen, daß sie als berufsmäßige Thätigkeit, z. B. als Betrieb eines Bankgeschäfts, erscheint. Da die Versicherungsgesellschaften auf Gegenseitigkeit regelmäßig nicht als Gewerbetreibende erscheinen, müssen, um die Heranziehung zur Gewerbesteuer zu begründen, die thatsächlichen Umstände, welche als Ausnahme von der Regel einen Gewerbebetrieb annehmen lassen, im einzelnen festgestellt werden.

III.

Bezirke, Organe und Verfahren bei der Veranlagung.

Nr. 1.

Entsch. des VI. Senats, 1. Kammer, vom 27 Sept. 1894 — G. 55/93 — Bd. III S. 209.

1) Das Verbot der Gewerbe-Besteuerung über 1 % hinaus für die der betreffenden Klasse wegen der Ertragshöhe angehörenden Betriebe ist ein absolutes, uneingeschränktes, dagegen soll dieses Verbot für die der Klasse nur wegen des Anlage- und Betriebscapitals zugewiesenen Beträge zwar im Allgemeinen gelten, aber eine durch die Bemessung eines gesetzlichen niedrigsten Steuersatzes bedingte Einschränkung erleiden. (§ 15 Nr. 2 des Gewerbesteuerges.)

2) Als zulässiger Steuersatz im Sinne des § 15 Nr. 2 gilt derjenige Satz, welcher den für Klasse I vorgeschriebenen Prozentsatz von 1 % des

Ertrages nicht übersteigt; dies ist bei denjenigen Betrieben, welche einer Klasse wegen der Ertragshöhe zugewiesen sind, stets der genau 1 % des Ertrages bildende oder der nächst niedrigere Steuersatz, dagegen bei denjenigen Betrieben, welche nur wegen des Anlagecapitals einer Klasse angehören, entweder der nach gleichen Rücksichten zu bestimmende oder, falls der Ertrag unter das Hundertfache des niedrigsten Steuersatzes der Klasse hinabsinkt, der niedrigste Steuersatz der letzteren. —

Nr. 2.

Entsch. des VI. Senats, 1. Kammer, vom 27. September 1894 — G. 27/93 — Bd. III. S. 217.

Nicht der Umfang des Geschäftsbetriebes bildet den gesetzlichen Maßstab der Steuerbemessung, sondern — abgesehen von dem Anlage- und Betriebskapitale — nur der Ertrag bezw. das Ertragsverhältnis (§§ 6 ff., 15, 24 des Gewerbesteuerges. vom 24. Juni 1891).

Erbietet sich der Steuerpflichtige in der Beschwerdeschrift zur Vorlegung der Bücher zum Beweise der Richtigkeit seiner Angaben, so ist der angebotene Beweis zu erheben.

Nr. 3.

Entsch. des VI. Senats, 1. Kammer, vom 27. September 1894 — G. $\frac{319/94}{89/93}$ — Bd. III. S. $\frac{219}{221}$

1) Wenn in den §§ 7, 15 Nr. 2 des Gewerbesteuergesetzes vom 24. Juni 1891 den Gewerbetreibenden ein im Wege der Rechtsmittel verfolgbares Recht auf Steuerbefreiung oder Ermäßigung gegeben wird, so müssen, damit dieses Recht wirksam verfolgt werden kann, zugleich auch die zur Entscheidung der Rechtsmittel (Einspruch und Berufung) berufenen Organe verpflichtet sein, die angebotenen, an sich zulässigen Beweise über wesentliche Thatsachen zu erheben und in den Entscheidungsgründen entweder über die Ursachen der Abstandnahme von der Beweiserhebung Auskunft zu geben, oder das Ergebnis der Beweisaufnahme gegenüber den Angaben des Gewerbetreibenden zu würdigen. Hierbei werden insbesondere die hervortretenden Differenzen über die Art der Ertragsberechnung, die Zulässigkeit der Abzüge u. s. w. zum Gegenstand der Verhandlung mit dem Veranlagten, unter protokollarischer Feststellung des Ergebnisses, zu machen sein.

2) Der vom Gewerbesteuerpflichtigen für seine Behauptung eines geringeren Ertrages seines Gewerbes, als von dem Steuerausschuß veranlagt ist, angebotene Bücherbeweis erfolgt, wenn der Steuerpflichtige die Bücher nicht entbehren zu können erklärt, durch Vorlegung der Geschäftsbücher, nicht

aber durch Uebersendung und Belassung derselben bei der Behörde; die entscheidende Regierung hat sich ein selbständiges Urteil über den Inhalt der Bücher vor Erlaß der Entscheidung zu bilden. § 27 des Gewerbesteuergesetzes und Art. 24 Nr. 1 der Ausführungsanweisung vom 10. April 1892 kennen nur eine Vorlegung der Geschäftsbücher. Der Steuerpflichtige ist somit nur zur Vorlegung verpflichtet, wogegen die Forderung der Uebersendung ebenso ausgeschlossen ist, wie das Ansinnen, die Bücher längere Zeit bei der Behörde zu belassen. Außerdem schließt der vom Gesetz gewählte Ausdruck die Notwendigkeit einer Erörterung des Inhalts der Bücher mit dem Steuerpflichtigen und der Feststellung des Ergebnisses dieser Erörterungen durch Aufnahme einer Verhandlung in sich. Auch hat sich die entscheidende Regierung ein selbständiges Urteil über den Inhalt der Bücher vor Erlaß der Entscheidung zu bilden, sodaß bei ungenügender protokollarischer Feststellung seitens ihrer Beauftragten sie sich der eigenen Einsichtnahme nicht wird entziehen können.

Nr. 4.

Entsch. des VI. Senats, 1. Kammer, vom 27. Sept. 1894 — G. 85/93 — Bd. III S. 226.

1) Der Begriff „der Zweigniederlassung" im Sinne des § 2 des Gewerbesteuergesetzes vom 24. Juni 1891 unterscheidet sich nicht von dem handelsrechtlichen Begriffe im Sinne des Art. 19, 21, 86 des allgemeinen deutschen Handelsgesetzbuches.

2) Bei Anwendnng des § 15 Nr. 2 des Gewerbesteuergesetzes muß zunächst der steuerpflichtige Ertrag auf Grund ausreichender Unterlagen selbstthätig festgestellt und die Gesetzmäßigkeit des veranlagten Steuersatzes hiernach geprüft werden. Der umgekehrte Weg, von dem nach dem Ertragsverhältnisse bemessenen Steuersatze auszugehen und hiernach den Ertrag in solcher Höhe zu bestimmen, daß die Steuer ein Prozent des Ertrages nicht übersteigt, schließt die Anwendung des § 15 Nr. 2 a. a. O. völlig aus und macht den dort dem Steuerpflichtigen zugesicherten Rechtsschutz illusorisch.

Nr. 5.

Entsch. des VI. Senats, 1. Kammer, vom 11. Oktober 1894 — G. 5/93 — Bd. III. S. 229.

Die bei der Einkommensteuerveranlagung erfolgten Feststellungen des gewerblichen Ertrages sollen nach der Absicht des Gesetzes den Ausgangspunkt für die Gewerbesteuerveranlagung bilden. (Art. 23 Nr. 3 der Ausführungsanweisung vom 10. April 1892 und die zugehörige Anmerkung.) Der Wert dieser Feststellungen für die Zwecke der Gewerbesteuerveranlagung ist um so größer, als die Einrichtungen der Einkommensteuer, insbesondere hinsichtlich der Steuererklärung und deren Beanstandung mit Androhung hoher Strafen für unrichtige Angaben, die Zuverlässigkeit der Ermittelungen in weit höherem Grade sichern, als bei der Gewerbesteuer. Auch entspricht es der Absicht des Gesetzes, den Gewerbesteuerpflichtigen lästige Ermittelungen zu ersparen, wenn die Einkommensteuerverhandlungen bereits das erforderliche Material enthalten.

Andererseits sind die Steuerausschüsse und die Regierungen rechtlich nicht behindert, in Abweichung von den Ergebnissen der Einkommensteuerveranlagung selbständige Feststellungen der gewerblichen Erträge vorzunehmen, sofern hierfür ausreichende Gründe vorliegen.

Nr. 6.

Entsch. des VI. Senats, 1. Kammer, vom 11. Oktober 1894 — G. 17/93 — Bd. III. S. 232.

Nach § 8 des Gewerbesteuergesetzes vom 24. Juni 1891 sind Betriebe, deren Zugehörigkeit zu einer der Steuerklassen I, II, III lediglich durch die Höhe des Anlage- und Betriebskapitals bedingt ist, auf Antrag des Steuerpflichtigen in die dem Ertrage entsprechende Steuerklasse zu versetzen, wenn der erzielte Ertrag nachweislich zwei Jahre lang die Höhe von 30 000 Mk. in Klasse I, 15 000 Mk. in Klasse II und 3000 Mk. in Klasse III nicht erreicht hat. Hiernach ist der Steuerpflichtige nicht etwa in die nächste niedrigere Klasse, sondern in diejenige Klasse zu versetzen, die dem steuerpflichtigen Ertrag, d. h. dem Ertrag des Vorjahres entspricht, während die Höhe des Anlage- und Betriebskapitals überhaupt nicht berücksichtigt wird. Eine Andeutung, daß die Versetzung nur in die nächste niedrigere Klasse erfolgen dürfe, findet sich weder in dem Gewerbesteuergesetz noch in der Ausführungsanweisung. Ein Betrieb, welcher wegen des 1 000 000 Mk. übersteigenden Anlage- und Betriebskapitals in Klasse I veranlagt ist, aber in den letzten zwei Jahren einen 30 000 Mk. nicht erreichenden Ertrag gehabt hat, muß daher auf Grund des § 8 des Gewerbesteuergesetzes in diejenige Klasse versetzt werden, welche dem steuerpflichtigen Ertrage des letzten Jahres entspricht.

Nr. 7.

Entsch. des VI. Senats, 1. Kammer, vom 25. Oktober 1894 — G. 35/94 — Bd. III. S. 270.

1) Der Vorsitzende des Steuerausschusses muß die erforderlichen Nachrichten über den Gewerbebetrieb des Steuerpflichtigen einziehen. Die Auswahl der im einzelnen Falle geeigneten unter den verschiedenen Arten der Mittel und Wege (Art. 23 Abs. 5—7 Ausführungsanweisung) ist seinem pflichtmäßigen Ermessen überlassen. Die Ertragsschätzung des Steuerausschusses soll

eben keine willkürliche sein, sondern auf sicheren Unterlagen beruhen. — Deshalb muß derselbe auch, wenn die vom Vorsitzenden beschafften Schätzungsunterlagen nicht ausreichen und auch nicht aus eigener Kenntnis ergänzt werden können, die offenstehenden Mittel und Wege benutzen. (§ 25 Ges. u. Art. 24 der Ausführungsanweis.)

2) Beruft sich ein Gewerbesteuerpflichtiger für die Richtigkeit wesentlicher Thatsachen auf die Verhandlungen über die Veranlagung der Einkommensteuer, so liegt in einem solchen Beweisantritt ein zwingender Grund zur Benutzung dieser Verhandlungen. Die Ablehnung würde besonderer Begründung bedürfen. Handelt es sich um zweifelhafte Punkte, so wird der Regel nach in eine Erörterung mit dem Steuerpflichtigen einzutreten sein. Jedenfalls darf nicht unterlassen werden, sowohl die Benutzung des eingesehenen Materials, als die Verhandlungen mit dem Steuerpflichtigen aktenmäßig zu vermerken.

Nr. 8.

Entsch. des VI. Senats, 1. Kammer, vom 11. Oktober 1894 — G. 221/94 — Bd. III. S. 273.

Sache des Steuerausschusses ist es, bei der Gewerbesteuerveranlagung das vom Vorsitzenden gesammelte Material zu würdigen. Da die Steuerausschüsse der Klassen II. bis IV. „nach ihrer Kenntnis oder Schätzung des Ertragsverhältnisses“ die Steuersummen zu verteilen haben (§ 15 Nr. 1 Abs. 2 des Gewerbesteuergesetzes vom 24. Juni 1891), so sind sie an das Ergebnis der vom Vorsitzenden ermittelten Schätzungsunterlagen und der etwa von ihm bewirkten Schätzung nicht gebunden. Auch können sie die Schätzungsunterlagen auf Grund eigener Kenntnis der gewerblichen Verhältnisse vervollständigen oder berichtigen, sowie weitere Ermittelungen veranlassen (§ 26 a. a. O.). Was in dieser Beziehung geschehen ist, muß aber aus den Verhandlungen ersichtlich, aktenmäßig vermerkt sein. Tritt im Rechtsmittelverfahren die Notwendigkeit ein, die der Veranlagung zu Grunde liegende Schätzung zu prüfen oder eine selbständige Schätzung vorzunehmen, so muß zunächst auf die aktenmäßigen Schätzungsunterlagen zurückgegangen oder, wenn solche nicht ausreichen, die entsprechende Vervollständigung herbeigeführt werden (Art. 44 II Nr. 2 der Ausführungsanweisung).

Nr. 9.

Entsch. des VI. Senats, 1. Kammer, vom $\frac{\text{29. November 1894}}{\text{8. November 1894,}}$ G. $\frac{228/94}{593/94}$ — Bd. III S. $\frac{275}{279}$.

1) Die dem zur Gewerbesteuer Veranlagten obliegende Beweislast wird wesentlich eingeschränkt durch die gesetzliche Verpflichtung der Organe der

Steuerverwaltung und der zur Entscheidung der Rechtsmittel berufenen Behörden, ihrerseits die Unterlagen für die richtige Veranlagung der Steuerpflichtigen zu beschaffen und zu diesem Zwecke die offenstehenden Mittel und Wege zu benutzen. Zwar liegt es im eigenen Interesse des Veranlagten, die hierauf gerichteten Bemühuugen seinerseits durch Anführung von Thatsachen und Angebot von Beweismitteln nach Möglichkeit zu unterstützen. Aber eine Versäumnis des Veranlagten rechtfertigt es nicht, die nach Lage der Sache notwendigen amtlichen Ermittelungen zu unterlassen oder deren Ergebnis nicht zu beachten.

2) Selbst wenn Bücher nicht kaufmännisch geführt sind, kann ihnen doch eine erhebliche Beweiskraft innewohnen, wenn die Bücher nur so ordnungsmäßig geführt sind, daß aus ihrer Einrichtung und thatsächlichen Führung mit Sicherheit auf die Absicht geschlossen werden darf, die Eintragungen vollständig und richtig zu bewirken. Sofern die Ermittelungen des steuerpflichtigen Ertrages nach der Art der Buchführung weitläufige Zusammenstellungen und Berechnungen erfordern sollten, können dem Veranlagten zur Erbringung des angebotenen Beweises die Anfertigung und Vorlegung entsprechender Auszüge u. s. w. auferlegt werden.

Nr. 10.

Entsch. des VI. Senats, 1 Kammer, vom 11. Oktober 1894 — G. 72/93 —
Bd. III. S. 282.

Der Vorsitzende hat gemäß § 27 des Gewerbesteuergesetzes vom 24. Juni 1891 die Geschäfte des Steuerausschusses durch Beschaffung der erforderlichen Unterlagen vorzubereiten. Die Vernehmung von „Sachverständigen und Auskunftspersonen" ist, sofern die vorhandenen Unterlagen und die eigenen Kenntnisse der Abgeordneten nicht ausreichen, nicht nur ein Recht, sondern eine Pflicht des Steuerausschusses. Die Steuerpflichtigen müssen die Einspruchsentscheidung unter Benennung von „Sachverständigen und Auskunftspersonen" und genauer Angaben der Beweisthemata mit der Behauptung anfechten, daß die Abgeordneten die zur Berechnung oder Schätzung des Ertrages erforderlichen Unterlagen nicht genügend gekannt oder gewürdigt und deshalb den Steuersatz nicht zutreffend bestimmt haben. Dagegen ist es unzulässig, die Sachverständigen nur zum Beweise der ganz allgemeinen Behauptung vorzuschlagen, daß der Ertrag sich auf diese oder auf jene Summe belaufe oder diesen oder jenen Betrag nicht erreiche.

Nr. 11.

Entsch. des VI. Senats, 1. Kammer, vom 8. November 1894 — G. 437/94
Bd. III. S. 315.

Die Vorschrift im § 24 Abs. 2 des Gewerbesteuergesetzes setzt eine wesentliche Gleichartigkeit des Geschäftsbetriebs in dem Steuerjahre und in dem Vorjahre voraus. Ist dies nicht der Fall und hat sich z. B. das Geschäft durch Ausscheiden eines Sozius erheblich verschlechtert, greift Abs. 3 a. a. O. Platz, wonach der Ertrag, wie das Betriebskapital, nach dem zur Zeit der Veranlagung vorliegendem Anhalt zu schätzen ist.

Nr. 12.

Entsch. des VI. Senats, 1. Kammer, vom 8. November 1894 — G. 581/94 — Bd. III. S. 321.

In den nach den Mittelsätzen besteuerten Klassen II. bis IV. bildet das Ertragsverhältnis den Maßstab der Besteuerung und die verhältnismäßige Gleichheit der Besteuerung ist das Ziel der Veranlagung. Aus der in § 31 des Gewerbesteuergesetzes vorgeschriebenen Offenlegung der Gewerbesteuerrolle zur Einsicht der Steuerpflichtigen des Veranlagungsbezirks ergiebt sich das Recht der Steuerpflichtigen, das „Ergebnis der Veranlagung" auch in der Richtung der verhältnismäßigen Gleichheit mittelst Einspruch und Berufung anzufechten. Da dem Steuerpflichtigen es aber wegen Unkenntnis des gesammten Veranlagungswerks unmöglich ist, den positiven Nachweis der absoluten Steuerüberbürdung zu erbringen, genügt es — von allgemeinen und vagen Behauptungen abgesehen —, wenn er die Unverhältnismäßigkeit der Leistung im Vergleiche mit einzelnen, namhaft gemachten Steuerpflichtigen seiner Klasse nachweist, indem er die zur Vergleichung erforderlichen objectiven Unterlagen liefert. Aber selbst bei mangelhafter Substantiierung des Angriffs empfiehlt sich die Prüfung des beigebrachten Materials und ein entsprechender Vermerk in der Einspruchs- oder Berufungsentscheidung.

Nr. 13.

Entsch. des VI. Senats, 1. Kammer, vom 6. Dezember 1894 — G. 441/94 — Bd. III. S. 343.

Geht im Laufe des Steuerjahres ein steuerfreies Gewerbe auf einen anderen über, und wird dasselbe unverändert fortgesetzt, darf eine Neuveranlagung nicht stattfinden, sondern die Freistellung dauert bis zum Ablaufe des Steuerjahres fort. (§ 41 Gewerbesteuersatzes.) Tritt dagegen mit dem Geschäftsübergang eine wesentliche Veränderung des Betriebs ein, muß eine Neueinschätzung gemäß §§ 33, 34 a. a. O. erfolgen, und zwar nach dem Ertrage zur Zeit der Betriebseröffnung.

Nr. 14.

Entsch. des VI. Senats, 1. Kammer, vom 20. Dezember 1894 — G. 312/94 — Bd. III. S. 356.

Das nach § 24 des Gewerbesteuergesetzes zur Steuerveranlagung maßgebende Vorjahr ist das der Ausführung der Veranlagung unmittelbar vorhergehende Jahr. Wird somit jemand am 18. März 1893 veranlagt, so muß das unmittelbar vorhergehende Jahr 1892 der Veranlagung zu Grunde gelegt werden.

Nr. 15.

Entsch. des VI. Senats, 1. Kammer, vom 17. Januar 1895 — G. 36/93 — Bd. III. S. 387.

Der auf den ein besonderes Gewerbe betreibenden Kommanditisten entfallende Gewinn aus seiner Beteiligung an der Kommanditgesellschaft kann zur Vermeidung der Doppelbesteuerung nur bei der Kommanditgesellschaft, nicht aber bei dem Kommanditisten als Ertrag seines Gewerbebetriebes, zur Gewerbesteuer herangezogen werden.

IV.

a) Besteuerung aus gewinnbringender Beschäftigung.

Nr. 1.

Entsch. des VI. Senats, 1. Kammer, vom 11. Oktober 1894 — G. 553/94 — Bd. III. S. 242.

Das Vermieten möblierter Zimmer oder Wohnungen ist notwendigerweise mit der Absicht der Gewinnerzielung verbunden. Die längere Fortsetzung oder regelmäßige Wiederholung der Vermietung macht diesen Erwerbszweig zu einem Gewerbe. Gleichgültig ist es, ob der Erwerbszweig die Mittel zum Lebensunterhalte oder nur Nebeneinnahmen beschaffen soll, wie es überhaupt nicht zu den Merkmalen des Gewerbebetriebes gehört, daß die erwerbende Thätigkeit den ausschließlichen oder überwiegenden Beruf des Erwerbenden bildet.

Das Zimmervermieten in Badeorten unterliegt nach dem Inkrafttreten des Ges. vom 24. Juni 1891 derselben Beurteilung. Die frühere Steuerfreiheit ist fortgefallen.

Nr. 2.

Entsch. des VI. Senats, 1. Kammer, vom 11. Oktober 1894 — G. 140/94 — Bd. III. S. 250.

Der Regel nach wird in der Errichtung einer Privat-Kranken-, Irren- oder Heilanstalt oder einer Kuranstalt für Nervenkranke eine gewerbliche Anlage und in ihrem Betriebe ein Gewerbebetrieb zu erblicken sein. Es ist in keiner Weise erforderlich, daß eine derartige Anstalt von einem Arzt errichtet, betrieben und geleitet wird. Ohne erhebliche Kapitalaufwendungen und ohne ein erhebliches Betriebskapital kann eine Kranken- und Heilanstalt in größerem Umfang nicht errichtet und betrieben werden. Das Bestreben, eine Verzinsung des angelegten Kapitals zu erzielen, bedingt schon ein derartiges Vermögensinteresse, ein derartiges Arbeiten auf Erzielung eines ausreichenden Gewinns, daß die Ausübung der ärztlichen Thätigkeit demgegenüber notgedrungen in den Hintergrund treten muß. — Ausgeschlossen ist diesen Erwägungen gegenüber natürlich nicht, daß unter besonderen Umständen der Betrieb einer privaten Heilanstalt seitens eines Arztes nicht als Gewerbebetrieb erscheint. Dies wird aber im allgemeinen eine Ausnahme von der Regel und es wird dann Sache des Arztes sein, die für die Ausnahme sprechenden Umstände besonders anzugeben. Wird hiernach im Betrieb einer Krankenanstalt ein Gewerbebetrieb gefunden, so erscheint die Ausübung des ärztlichen Berufs seitens des Gewerbetreibenden innerhalb des Rahmens des Anstaltsbetriebs nicht mehr als solche, sondern als Thätigkeit im Gewerbebetriebe, sodaß ihr Ertrag in dem Ertrage des letzteren enthalten ist und nicht als besonderer steuerfreier Teil von dem gewerblichen Ertrag ausgeschieden werden darf. Die Ausübung der ärztlichen Thätigkeit ist in dem Gewerbebetrieb aufgegangen.

Nr. 3.

Entsch. des VI. Senats, 1. Kammer, vom 25. Oktober 1894 — G. 59/93 — Bd. III S. 286.

1) In der bloßen Thatsache der Erbauung von Häusern zum Zwecke der Vermietung können die Merkmale des Gewerbebetriebes nicht gefunden werden.

2) Bauunternehmer im gewerbesteuerlichen Sinne ist nur derjenige, welcher gegen Entgelt Bauten für fremde Rechnung übernimmt, niemals aber der für eigene Rechnung arbeitende Bauherr.

Dagegen ist ein Bauunternehmer für eigene Rechnung zum Zwecke des Verkaufs der Bauten hinsichtlich dieses Handels gewerbesteuerpflichtig, und die Steuerpflicht beginnt mit der Ausbietung zum Verkauf; der steuerpflichtige Ertrag dieses Immobilienhandels besteht in dem durch die Verkäufe erzielten Gewinn und in den von diesen Handelsobjekten vor dem Verkauf durch Vermietung oder sonstwie erzielten Nutzungen.

Nr. 4.

Entsch. des VI. Senats, 1. Kammer, vom 25. Oktober 1894 — G. 67/94 — Bd. III S. 290.

Nur der Künstler selbst, der die eigene Kunst ausübt, ist gemäß § 4 Nr. 7 des Gewerbesteuergesetzes steuerfrei, nicht aber der Unternehmer, welcher behufs eigenen Erwerbs fremde künstlerische Leistungen verwendet. Die Unternehmer, insbesondere Theaterunternehmer, sind steuerpflichtig; ihre Thätigkeit ist keine „Ausübung der Kunst".

Nr. 5.

Entsch. des VI. Senats, 1. Kammer, vom 25. Oktober 1894 — G. 33/94 — Bd. III S. 293.

Nach der bisherigen Steuergesetzgebung ist die Thätigkeit eines bei der Kaufmannschaft angestellten und vereidigten Maklers stets als steuerpflichtiges Gewerbe behandelt worden, weil trotz gewisser amtlicher Funktionen der gewerbliche Charakter bei weitem überwiegt, und zwar hat man darin die Ausübung eines stehenden Gewerbes erblickt. Eine Aenderung des steuerlichen Begriffs des stehenden Gewerbes ist in keiner Weise durch das Gewerbesteuergesetz vom 24. Juni 1891 beabsichtigt worden. Die Makler oder Sensale betreiben daher auch nach diesem Gesetz ein steuerpflichtiges Gewerbe.

Nr. 6.

Entsch. des VI. Senats, 1. Kammer, vom 25. Oktober 1894 — G. 53/93 — Bd. III S. 313.

Ein Betrieb, für den im Uebrigen die Merkmale des Gewerbebetriebs zutreffen, verliert den Character eines solchen nicht schon deshalb, weil mit dem Betriebe zugleich eine wissenschaftliche, unterrichtende und erziehende oder sonstige gemeinnützige Thätigkeit verbunden ist. Unter diesen Umständen ist die Unterhaltung eines zoologischen Gartens durch eine Aktiengesellschaft gewerbesteuerpflichtig, wenn den Aktionären neben anderen Vorteilen statt der Dividende freier Eintritt für ihre Angehörigen in den zoologischen Garten gewährt wird.

Nr. 7.

Entsch. des VI. Senats, 1. Kammer, vom 8. November 1894 — G. 213/94 — Bd. III S. 318.

Vor dem Inkrafttreten des Gewerbesteuergesetzes vom 24. Juni 1891 sind die Posthalter schon seit 1812 als der Gewerbesteuerpflicht nicht unterliegende Personen behandelt worden. Diese Befreiung ist durch § 82 des Gewerbesteuergesetzes vom 24. Juni 1891 aufgehoben worden. Letzteres unterwirft nach § 1 der Gewerbesteuer die in Preußen betriebenen stehenden Gewerbe und nimmt ausdrücklich davon in § 4 Nr. 7 die Ausübung eines amtlichen Berufs aus. Posthalter können deshalb nur gewerbesteuerfrei sein, wenn der Betrieb der Posthalterei nicht als Gewerbebetrieb angesehen werden kann, oder wenn darin die Ausübung eines amtlichen Berufs gefunden werden muß. Als öffentliche Beamte, die einen amtlichen Beruf ausüben, wie es § 4 Nr. 7 a. a. O. verlangt, sind nur Militär- und Zivilbeamte, nur unmittelbare und mittelbare Staatsbeamte anzusehen. Dazu gehören mangels einer besonderen Vorschrift die Posthalter nicht. Sie stehen nur in einem vertragsmäßigen Verhältnis zur Postverwaltung und werden auch seitens der Reichs-Postverwaltung nach amtlicher Aeußerung nicht zu denjenigen Personen gerechnet, welche einen amtlichen Beruf ausüben.

Nr. 8.

Entsch. des VI. Senats, 1. Kammer, vom 6. Dezember 1894 — G. $\frac{738/94}{619/94}$ —

Bd. III S. $\frac{328}{332}$

1) Selbstgewonnene Erzeugnisse auch bei berufsmäßigen Gärtnern genießen in der Regel Steuerfreiheit; die Steuerpflicht soll die Ausnahme bilden. Die Steuerpflicht soll eintreten, wenn der Absatz sich nicht auf selbstgewonnene Erzeugnisse beschränkt, zum Zweck des Absatzes eine weitere, nicht im Bereich des Gartenbaus liegende, Verarbeitung der selbstgewonnenen Erzeugnisse stattfindet, auch, wenn der Gartenbau sich als „Kunst- und Handelsgärtnerei" darstellt.

2) Die Kunst- und Handelsgärtnerei muß ein einheitlicher Betrieb sein. Es ist deshalb nicht statthaft, einen „Handelsgärtner", der nur eigene Erzeugnisse verkauft, aber nicht zugleich „Kunstgärtner" ist, zur Besteuerung heranzuziehen. Dagegen ist ein Kunstgärtner auch regelmäßig zugleich Handelsgärtner.

3) Als Merkmale der „Kunst- und Handelsgärtnerei" haben zu gelten: Technische Vorbildung des Betriebsinhabers, seiner Angestellten oder Gehilfen, namentlich in Verbindung mit der Zahl der nicht technischen Arbeitskräfte, künstliche Anlagen von nicht untergeordneter Bedeutung, z. B. eine ungewöhnlich große Zahl von Frühbeeten, größere Gewächshäuser und Treibhausanlagen, größere maschinelle Vorrichtungen und um dergl., kaufmännische Betriebsformen u. s. w. Auch ein einzelnes Merkmal für sich kann schon auf einen Kunstbetrieb schließen. Jedenfalls muß aber bei dieser Frage auf die gesammten Verhältnisse des Betriebes soweit eingegangen werden, daß ein zuverlässiges Urteil über seinen Character gewonnen werden kann.

4) Ein mit allen Mitteln der Technik ausgerüsteter, mehrere Obergärtner sowie eine große Anzahl von Gärtnergehilfen und Arbeitern unterhaltender, sich in völlig kaufmännischen Formen bewegender Betrieb einer Baumschule zählt zur „Kunst- und Handelsgärtnerei". Dagegen fällt nicht hierunter eine mit gewöhnlichen Arbeitern, von einem Landwirt betriebene, $1^1/_4$ ha große Maiblumenzucht zur Gewinnung von Treibkeimen.

Nr. 9.

Entsch. des VI. **Senats, 1. Kammer, vom 6. Dezember 1894** — G. 528/94 — **Bd.** III. **S. 340.**

Das Darbieten eines für die Schifffahrt hergestellten und unterhaltenen Kanals zur Schifffahrt gegen Entgelt ist ein steuerpflichtiger Gewerbebetrieb. Bezweckt aber die Herstellung und Unterhaltung des Kanals hauptsächlich die Förderung der Landwirtschaft durch Entwässerung 2c., so bildet seine nebensächliche Verwendung zur Schifffahrt gegen Entgelt keinen steuerpflichtigen Gewerbebetrieb.

Nr. 10.

Entsch. des VI. **Senats, 1. Kammer, vom 20. Dezember 1894** — G. 439/94 — **Bd.** III. **S. 349.**

Ein Bücherrevisor, soweit er nicht als gerichtlicher Bücherrevisor oder als Angestellter anderer Gewerbetreibenden fungiert, sondern die Revision kaufmännischer Bücher als selbständigen Erwerbszweig mit der Absicht der Gewinnerzielung für eigene Rechnung ausübt, betreibt ein steuerpflichtiges Gewerbe im Sinne des Gewerbesteuergesetzes vom 24. Juni 1891.

Nr. 11.

Entsch. des VI. **Senats, 1. Kammer, vom 6. Dezember 1894** — G. 292/94 — **Bd.** III. **S. 379.**

Unter der „Ausübung der Kunst", welche im § 4 Nr. 7 des Gewerbesteuergesetzes vom 24. Juni 1891 als der Gewerbesteuer nicht unterliegend genannt wird, ist nur die eigene Bethätigung der Kunst zu verstehen. Es sollen die in Konzerten, Theatervorstellungen u. s. w. auftretenden Künstler, mögen sie selbst, ohne Zuziehung fremder Kräfte, die Vorstellungen veranstalten oder in fremden Vorstellungen mitwirken zur Gewerbesteuer nicht herangezogen werden. Dagegen ist es nicht die Absicht des Gesetzes, auch diejenigen Unternehmer von der Gewerbesteuer zu befreien, die behufs eigenen Erwerbes fremde künstlerische Leistungen verwerten. Deshalb ist auch ein Konzertunternehmer, selbst wenn er zugleich Dirigent der von ihm unterhaltenen Musikkapelle ist, gewerbesteuerpflichtig.

Nr. 12.

Entsch. des VI. **Senats, 1. Kammer, vom 20. Dezember 1894** — G. 579/94 — **Bd.** III. **S. 381.**

Ein Verein, dessen geschäftliche Thätigkeit darauf gerichtet ist, Ueberschüsse zu erzielen, um wenigstens einen Teil derselben bei der Auflösung unter seine Mitglieder ohne Rücksicht auf die mit ihnen gemachten, seinem

Zwecke entsprechenden, Geschäfte zu verteilen, verfolgt notwendig zugleich auch Gewinnzwecke und ist deshalb vom Gesammtbetriebe gewerbesteuerpflichtig. Die Steuerfreiheit von Vereinen tritt aber nach § 5 Abs. 1 des Gewerbesteuergesetzes nur dann ein, wenn abgesehen von den Erfordernissen zu a. u. b. auch „eine“ d. h. jegliche Verteilung des aus dem Gewinne aufgesammelten Vermögens unter die Mitglieder für den Fall der Auflösung ausgeschlossen ist.

Nr. 13.

Entsch. des VI. Senats, 1. Kammer, vom 17. Januar 1895 — G. 549/94 — Bd. III. S. 385.

1) Die Ausdehnung des Verkaufs auf fremde Erzeugnisse bewirkt nicht die Steuerpflicht des eigenen landwirtschaftlichen Betriebs, sondern die Steuerpflicht beschränkt sich lediglich auf den Umfang des Zukaufes. (Art. 8. I. Nr. 3 der Ausführungsanweisung.)

2) Der § 4 Nr. 1 des Gewerbesteuergesetzes macht die Steuerpflicht des Gartenbaues keineswegs von dem Umfange abhängig, sondern stellt den steuerfreien gewöhnlichen Gartenbau nur der steuerpflichtigen „Kunst- und Handelsgärtnerei“ gegenüber. Letztere erfordert besondere Einrichtungen, welche den Betrieb nicht nur über die Landwirtschaft, sondern auch über den gewöhnlichen Gartenbau hinaus soweit erheben, daß er als Kunst bezeichnet werden kann. Die Bedienung eines Agenten zum Vertriebe des Saatgutes allein ist hierbei gar nicht maßgebend.

Nr. 14.

Entsch. des VI. Senats, 1. Kammer, vom 17. Januar 1895 — G. 564/94 — Bd. III. S. 395.

Wenn der § 22 des Gewerbesteuergesetzes „die Abschreibungen, welche einer angemessenen Berücksichtigung der Wertverminderung entsprechen“, zuläßt, so kann für die Auslegung dieser Vorschrift nicht etwa auf den § 14 des Einkommensteuergesetzes vom 24. Juni 1891 zurückgegangen werden, da dort nur die „regelmäßigen jährlichen Abschreibungen“ zugelassen werden. Nach der jetzigen Fassung im § 22 ist anzunehmen, daß für die Zulässigkeit und das Maß der Abschreibungen der auch für die Aufstellung kaufmännischer Bilanzen maßgebende wirkliche Wert entscheidend ist. Abschreibungen sind gestattet für diejenigen zum gewerblichen Vermögen gehörenden Aktiva, welche überhaupt einer Wertverminderung fähig sind, bis zur Erreichung der durch den wirklichen Wert zur Zeit der Abschreibung gebildeten Grenze. Hat der Buchwert diese Grenze bereits erreicht oder nach unten hin überschritten, so ist eine weitere Abschreibung, wenn sie auch nach allgemeinen kaufmännischen Grundsätzen oder besonderen geschäftlichen Rücksichten gerechtfertigt sein sollte, doch nach § 22 a. a. O. nicht abzugsfähig. — Hiernach ist auch eine Abschreibung auf Patente an sich zulässig; denn daß hinsichtlich dieser mit dem Ablauf der Zeit, wofür sie erteilt sind, eine fortschreitende Wertverminderung eintritt, insoweit also die allgemeine Voraussetzung des § 22 zutrifft, kann einem Zweifel nicht unterliegen.

IV.

b) Berücksichtigung der Abschreibungen, Betriebskosten.

Nr. 1.

Entsch. des VI. Senats, 1. Kammer, vom 11. Oktober 1894 — G. 70/93 — Bd. III. S. 257.

Verträge, durch welche Unternehmern die Benutzung von öffentlichen Straßen und Plätzen zum Betrieb von Straßenbahnen gegen einen bestimmten Anteil an dem jährlichen Gewinn des Betriebs oder gegen sonstige Geldleistungen überlassen wird, sind als Mietsverträge im Sinne des Allgemeinen Landrechts und die vom Unternehmer zu entrichtenden Beträge als Mietzins anzusehen; dieser Mietzins gehört zu den Betriebskosten des Unternehmers und ist von den Einnahmen bei Ausmittelung des gewerbesteuerpflichtigen Ertrages in Abzug zu bringen.

Nr. 2.

Entsch. des VI. Senats, 1. Kammer, vom 25. Oktober 1894 — G. 89/94 — Bd. III. S. 261.

Die Aufwendungen des Verlegers einer Zeitung für einen von ihm angestellten Redakteur sind als Betriebskosten abzugsfähig. Nimmt aber der Verleger selbst die Redaktionsgeschäfte wahr, ist derselbe somit nur in seinem eigenen Verlagsgewerbe thätig, so kann er den Wert der eigenen Arbeitsthätigkeit ebensowenig abziehen, wie jeder andere in seinem Geschäft persönlich thätige Gewerbetreibende.

Nr. 3.

Entsch. des VI. Senats, 1. Kammer, vom 25. Oktober 1894 — G. 34/94 — Bd. III. S. 297.

Nach Art. 16 I. 2 der Ausführungsanweisung darf in die Roheinnahme nur „der erzielte Preis für alle Barzahlungen oder auf Kredit verkaufte Waren und Erzeugnisse“ aber nicht der Preis eingestellt werden, der weg=

gefallen oder verloren ist. Dies ergiebt sich auch aus Art. 31 des Allg. Deutsch. Handelsgesetzbuches und Art. 16 III. der Ausführungsanweisung, wonach unsichere Forderungen mit dem entsprechenden Teile und uneinbringliche Forderungen gänzlich abzuschreiben sind. Unter den nicht abzugsfähigen „Kapitalverlusten“ (Art. 16 Nr. IV. a. a. O.) sind derartige Geschäftsverluste nicht einbegriffen.

Nr. 4.

Entsch. des VI. Senats, 1. Kammer, vom 25. October 1894 — G. 6/93 — B. III. S. 298.

Die Hinzurechnung der den Bankgeschäften, Vorschuß- u. Kreditvereinen zufließenden sog. Depositen oder Spareinlagen zum Betriebskapital ist nach § 23 des Gewerbesteuergesetzes ausgeschlossen. Durch den Zusatz „dauernd“ im § 23 ist ausdrücklich bestimmt, daß die Hinzurechnung der nur vorübergehend einem Geschäfte überlassenen Werte, also der Geldmittel aus dem Kontokorrent oder der Depositen zu dem Anlage- und Betriebskapital unstatthaft ist.

Nr. 5.

Entsch. des VI. Senats, 1. Kammer, vom 6. Dezember 1894 — G. 32/94 — Bd. III. S. 346.

1) Der § 22 Gewerbesteuergesetzes gestattet erstens die Abschreibung der im Betriebe sich naturgemäß ergebenden Wertsverminderungen, zweitens läßt er auch die Abschreibung der Wertsverminderung zu, die durch das Ausscheiden von Gegenständen aus dem Betriebe entsteht, z. B. durch den Entschluß, eine neue Betriebsweise einzuführen. Diese Abschreibung, die demnach auch für solche Gegenstände zugelassen wird, die gar nicht ersetzt werden, enthält daher eine Abweichung von den allgemeinen Grundsätzen und stellt sich als eine ausnahmsweise Abschreibung auf das Anlage- und Betriebskapital dar. Daraus ergiebt sich weiter, daß im Uebrigen Abschreiben nicht stattfinden dürfen.

2) „Abschreibungen“, die das auf der Passivseite stehende Anlage- und Betriebskapital betreffen, Quoten für Amortisation derselben, sind regelmäßig Ansammlungen von Vermögen (Reservefonds), welche nicht als Betriebskosten vom Ertrage abgezogen werden dürfen.

Nr. 6.

Entsch. des VI. Senats, 1. Kammer, vom 17. Januar 1895 — G. 220/94 — Bd. III. S. 393.

Nach § 22 des Gewerbesteuergesetzes vom 24. Juni 1891 sind nur die

Betriebskosten abzugsfähig. Hierzu gehört ohne Zweifel die von dem Gewerbetreibenden für die gemieteten geschäftlichen Räume zu entrichtende Miete, nicht aber der Mietswert der ihm selbst gehörigen geschäftlichen Räume. Letzterer kann schon deshalb nicht Betriebskosten darstellen, weil der seine eigenen Räume benutzende Gewerbetreibende für die Geschäftsräume keine Mietsausgaben zu entrichten hat, vielmehr solche Kosten erspart. Die eigenen Geschäftsräume des Gewerbetreibenden gehören zum Anlage- und Betriebskapital. Ebensowenig, wie hierfür nach der ausdrücklichen Vorschrift des § 22 a. a. O. Zinsen in Abzug gebracht werden dürfen, kann nach der Absicht des Gesetzes der Abzug entsprechender Geldwerte, wie des Mietswerts der eigenen Geschäftsräume, gestattet sein. — Die Zulassung des Abzugs der Mietszinsen im Gegensatz zu der Verweigerung des Abzugs des Mietswerts hat allerdings eine Verschiedenheit in der steuerlichen Behandlung der Pflichtigen zur Folge, die unter Umständen als Härte empfunden werden mag. Indessen kann es hierauf bei der deutlich erkennbaren Absicht des Gesetzes nicht ankommen.

Nr. 7.

Entsch. des VI. Senats, 1. Kammer, vom 17. Januar 1895 — G. 235/94 / 645/94 / 2/93 —

Bd. III. S. 398. / S. 401. / S. 408.

1) Nach § 22 des Gewerbesteuergesetzes sind dem Ertrage zuzurechnen die aus den Betriebseinnahmen bestrittenen Ausgaben für Verbesserungen und Geschäftserweiterungen. — Unter letzteren sind alle Geschäftserweiterungen zu verstehen, mögen sie durch Beseitigung von Konkurrenz oder durch sonstige Einrichtungen oder Anlagen erzielt werden. (Art. 16 IV. 4 / Art. 27 Nr. 1 Abs. 2 der Ausführungsanweisung vom 10. April 1892 / 5. August 1891).

2) Tilgungen nicht laufender Schulden oder Rückzahlungen auf das angeliehene Anlage- und Betriebskapital sind nicht abzugsfähig (§ 22 a. a. O.). Es müssen deshalb Teile des Betriebsgewinnes, welche zu derartigen Schuldentilgungen und Rückzahlungen verwendet werden, behufs Ermittelung des steuerpflichtigen Ertrages diesem zugerechnet werden.

3) Die Vorschrift, daß von der Roheinnahme Ausgaben für Tilgung der Schulden nicht abgezogen werden dürfen, besagt keineswegs, daß die nicht aus der Roheinnahme, sondern aus anderen Beständen bestrittenen Ausgaben zur Schuldentilgung dem Ertrage zuzurechnen sind (Art. 16 IV. 4 der Ausführungsanweisung).

Nr. 8.

Entsch. des VI. Senats, 1. Kammer, vom 31. Januar 1895 — G. 4/93 — Bd. III. S. 409.

Bei rein gewerblichen Aktiengesellschaften sind die Zinsen ihrer Effekten von dem zur Gewerbesteuer heranzuziehenden Ertrage nicht abzugsfähig, auch wenn diese Zinsen zur Zahlung ihrer (ebenfalls nicht abzugsfähigen) Obligationszinsen dienen, dagegen sind bei rein gewerblichen Aktiengesellschaften sämtliche Steuern, auch die Einkommen- und Gewerbesteuer, abzugsfähige Betriebskosten.

Nr. 9.

Entsch. des VI. Senats, 1. Kammer, vom 31. Januar 1895 — G. 10/93 — Bd. III S. 417.

Die Aufnahme einer festen Obligationsschuld behufs Abtragung der durch dauernde Geschäftsverluste entstandenen Bankierschulden bezweckt die Wiederherstellung verminderter Betriebsmittel und ist als Verstärkung des Betriebskapitals im Sinne des § 22 des Gewerbesteuersatzes anzusehen.

Nr. 10.

Entsch. des VI. Senats, 1. Kammer, vom 31. Januar 1895 — G. 9/93 — Bd. III S. 419.

Ueberweisungen an einen Unterstützungs-Fonds, welche ohne jegliche Verpflichtung einer Gesellschaft erfolgen und keinerlei Ansprüche ihrer Angestellten oder Arbeiter begründen, also beliebige anderweite Verwendung finden können, sind Vermögensansammlungen ohne den Charakter von Betriebskosten. Wenn aber eine Gesellschaft mittels Beschlusses der Generalversammlung die Bildung eines Unterstützungs-Fonds und seine jährliche Dotierung durch Ueberweisungen aus dem Ertrag unternommen und zugleich die Verwaltung und Verwendung des Fonds und seiner Erträgnisse unter Mitwirkung der Angestellten und Arbeiter durch Statut u. s. w. sichergestellt hat, so wird regelmäßig anerkannt werden müssen, daß die jährlichen Zuwendungen auf einer Verpflichtung beruhen und Betriebskosten darstellen. — Aber auch wenn eine statutenmäßige Regelung unterblieben ist, so können doch ethische, wirtschaftliche und soziale Rücksichten sich in solchem Grade geltend machen, daß die Willkür und das freie Belieben der Gesellschaft hinsichtlich der Dotierung und Verwendung des Fonds ausgeschlossen sind. Eine Gesellschaft, die einen festen Stamm tüchtiger und gutgesinnter Beamten und Arbeiter notwendig und, um diesen sich zu erhalten und zu sichern, die Bildung und jährliche Dotierung von Unterstützungs-Fonds beschlossen hat, würde ihren Geschäftsbetrieb gefährden, wollte sie die ihren Beamten und Arbeitern hiermit ausdrücklich oder stillschweigend gemachten Zusicherungen brechen. Die gedachten Rücksichten wirken nach den sozialen Anschauungen der Gegenwart und unter den heutigen Verhältnissen der Industrie nicht minder als förmlich eingegangene rechtliche Verpflichtungen.

IV.

c) Zerlegung des Steuersatzes.

Nr. 1.

Entsch. des VI. Senats, 1. Kammer, vom 25. Oktober 1894 — G. 648/94 — Bd. III. S. 307.

1) Der § 38 des Gewerbesteuergesetzes beschränkt die Zerlegung des Steuersatzes ausdrücklich auf die Fälle, in denen sie für die Zwecke der kommunalen Wahlen oder kommunalen Besteuerung erforderlich wird. Wenn diese Vorbedingung nicht erfüllt ist, entfällt für den Steuerausschuß das Recht wie die Pflicht dieser Zerlegung. Der Steuerausschuß hat demnach auch von Amts wegen seine Zuständigkeit zu prüfen, ebenso die zur Entscheidung der Rechtsmittel berufenen Behörden.

2) Da die Veranlagung zur kommunalen Einkommensteuer sich selbstständig und ganz unabhängig von der Veranlagung der staatlichen Gewerbesteuer regelt, liegt eine Verpflichtung zur Zerlegung des Steuersatzes behufs Veranlagung zur Gemeindeeinkommensteuer nicht vor.

Nr. 2.

Entsch. des VI. Senats, 1. Kammer, vom 8. November 1894 — G. 678/94 — Bd. III. S. 308.

Bei Zerlegung des Steuersatzes in mehrere auf einzelne Preußische Betriebsorte entfallende Teilbeträge dürfen dem Orte der Betriebsleitung nicht vorweg $^1/_{10}$ des in den anderen Betriebsorten erzielten Ertrages angerechnet werden. Diese Anrechnung darf vielmehr nur dann erfolgen, wenn ein Gewerbebetrieb sich außer über mehrere preußische Gemeinden auch über nicht preußische Gemeinden erstreckt. (§§ 21, 38 Gewerbesteuergesetzes u. Art. 19, 55 der Ausführungsbestimmung.)

Nr. 3.

Entsch. des VI. Senats, 1. Kammer, vom 17. Januar 1895 — G. 461/94 — Bd. III. S. 406.

1) Die quantitative Zerlegung des Steuersatzes eines sich über mehrere Gemeinden ausdehnenden Gewerbebetriebs gehört wesentlich dem thatsächlichen Gebiete an und kann daher mit der Beschwerde nicht angefochten werden.

2) Erfolgt in A. die Färberei und das Reinigen von Stoffen und werden in B. in besonderen Annahmestellen die Gegenstände zum Färben und Reinigen angenommen und, nachdem die Reinigung in der Fabrik geschehen, wieder in B. durch die Annahmestellen gegen Bezahlung zurückgegeben, so wird in B. ein wesentlicher Teil des gesammten Betriebs geführt und muß deshalb dort auch entsprechend besteuert werden.

Nr. 4.

Entsch. des VI. Senats, 1. Kammer, vom 31. Januar 1895 — G. $\frac{290/94}{541/94}$ — Bd. III. S. $\frac{422}{424}$.

1) Bei Zerlegung des Steuersatzes auf die einzelnen Betriebsorte müssen die auf letztere entfallenden Erträge rechnungsmäßig oder schätzungsweise festgestellt und in dem Zerlegungsbeschlusse zahlenmäßig angegeben werden. Erst, wenn dies unmöglich ist, dürfen die auf die einzelne Betriebsgemeinde entfallenden Quoten unter Anwendung geeigneter Aushilfsmittel bemessen werden. (Art. 55, 19 I. Abs. 2 der Ausführungsanweis.) Welche Aushilfsmittel zulässig und geeignet sind, richtet sich nach den Umständen des konkreten Falls. Wesentlich ist hierbei festzustellen, welches die „für die Gewinnerzielung vornehmlich entscheidenden Merkmale" sind. Die Notwendigkeit der Anwendung von Aushilfsmitteln, die letzteren selbst und die Umstände, welche ihre Anwendung im Einzelnen rechtfertigen, müssen aus dem Zerlegungsbeschlusse ersichtlich sein.

2) Wirft ein Betriebsort keinen Ertrag ab, arbeitet er vielmehr mit Verlusten, so hat derselbe keinen Anspruch, bei der Steuerzerlegung bedacht zu werden.

V.

Rechtsmittel.

Nr. 1.

Entsch. des VI. Senats, 1. Kammer, vom 27. Sept. 1894 — VI. G. 23/93 — Bd. III. S. 215.

Das Gewerbesteuergesetz vom 24. Juni 1891 ordnet ebenso wie das Einkommensteuergesetz selbständig für den Bereich seiner Anwendung das Fristenwesen und bestimmt selbständig die Bedingungen, unter denen die Fristen für Rechtsmittel beginnen, ablaufen und für gewahrt angesehen werden sollen. Danach muß die Berufung gegen den Einspruchsbescheid gemäß §§ 35, 36

a. a. O. innerhalb einer Frist von 4 Wochen, d. h. 28 Tage, bei der zuständigen Behörde eingereicht werden, und diese Frist soll von dem auf die Zustellung folgenden Tage ab laufen (cfr. auch Art. 42 Nr. 3 der Ausführungsanweisung vom 10. April 1892). Eine analoge Anwendung der §§ 198 bis 200 der Zivilprozeßordnung ist ausgeschlossen.

Nr. 2.

Entsch. des VI. Senats, 1. Kammer, vom 27. Sept. 1894 — G. 282/94 — Bd. III S. 224.

Wenn der Steuerpflichtige die Höhe des Gewerbesteuersatzes unter Angabe eines hinter der Ertragsklassengrenze zurückbleibenden Ertrages bemängelt, so ist gemäß § 15 Nr. 2 des Ges. vom 24. Juni 1891 in der Berufungsentscheidung zahlenmäßig der durch Rechnung oder Schätzung gefundene Gewerbeertrag anzugeben.

Nr. 3.

Entsch. des VI. Senats, 1. Kammer, vom 11. Oktober 1894 — G. 19/93 — Bd. III. S. 254.

In den nach den Mittelsätzen besteuerten Klassen II, III und IV darf nach § 17 Abs. 2 bis 4 des Gewerbesteuergesetzes auch der Ort der Veranlagung durch die Rechtsmittel angegriffen werden.

Nr. 4.

Entsch. des VI. Senats, 1. Kammer, vom 8. November 1894 — G. 604/94 — Bd. III S. 311.

Wird jemand auf seinen Einspruch aus einer höheren Steuerklasse (III) einer niedrigeren Klasse (IV) zugewiesen und darauf von dieser Klasse (IV) veranlagt, so steht gegen diese neue selbständige Veranlagung dem Steuerpflichtigen nicht alsbald die Berufung an die Bezirksregierung, sondern zunächst der Einspruch bei dem Steuerausschuß der Klasse IV zu.

Nr. 5.

Entsch. des VI. Senats, 1. Kammer, vom 20. Dezember 1894 — G. 569/94 — Bd. III. S. 352.

Der Bücherbeweis in der Berufungsinstanz kann nur vor der Regierung selbst, oder von einem von ihr beauftragten Beamten oder Mitgliede des Steuerausschusses erhoben werden. Der Beauftragte gilt dann als Sachverständiger oder Auskunftsperson und kann *für sich allein* einen *ordnungsmäßigen* Bücherbeweis, aus dessen Ergebnissen Folgerungen *zum Nachteile* des Veranlagten gezogen werden sollen, nicht erheben. —

Letzteres könnte nur dann geschehen, wenn dem Veranlagten von den vorgenommenen Ermittelungen Kenntnis und Gelegenheit gegeben worden wäre, sich hierüber binnen einer bestimmten Frist schriftlich oder in einem von der zuständigen amtlichen Stelle anzuberaumenden Termine zu äußern.

Nr. 6.

Entsch. des VI. Senats, 1. Kammer, vom 20. August 1894 — G. 430/94 — Bd. III S. 354.

Mit dem Erlaß des Einspruchsbescheides ist die Thätigkeit des Steuerausschusses als solcher abgeschlossen, und er tritt in seiner amtlichen Funktion in den weiteren Rechtsmittelverfahren überhaupt nicht wieder auf. Deshalb ist es auch unzulässig, von demselben nach Erlaß des Einspruchbescheides über das gegen letzteren eingelegte Rechtsmittel der Berufung ein Gutachten zu erfordern.

Chronologisches Register
des Ergänzungsbandes 1895.

Chronologische Zusammenstellung der Entscheidungen

aus dem Ergänzungsbande 1895.

Datum der Entscheidung.	Seite	Datum der Entscheidung.	Seite	Datum der Entscheidung.	Seite
1893.		15. Juni	74	9. Oktober [VI]	76
17. November	64	16. „	79	10. „ [VI]	1
17. „ [V]	83	19. „	64	11. „ [VI]	93
		22. „	20	11. „ [VI]	94
1894.		26. „	90	11. „ [VI]	94
14. Februar [V]	90	28. „	72	11. „ [VI]	94
14. „ [VI]	91	5. Juli	46	11. „ [VI]	99
17. „	68	9. „	49	11. „ [VI]	100
21. „	69	10. „	29	11. „ [VI]	101
21. März	84	11. „	37	11. „ [VI]	102
28. „	70	20. August	117	11. „ [VI]	104
21. April [V]	69	21. „	86	11. „ [VI]	104
21. „ [V]	73	18. September	65	11. „ [VI]	110
28. „ [V]	78	18. „ [V]	89	11. „ [VI]	116
28. „ [V]	79	19. „	38	17. „ [II]	2
1. Mai	7	20. „ [III]	50	17. „ [IV]	38
10. „ [V]	64	20. „ [III]	50	19. „ [I]	21
10. „ [V]	80	21. „	85	19. „ [I]	22
19. „	78	25. „	68	23. „ [I]	7
23. „	65	27. „ [VI]	97	23. „ [I]	8
29. „ [V]	89	27. „ [VI]	98	23. „ [V]	80
1. Juni	59	27. „ [VI]	98	24. „	53
3. „	65	27. „ [VI]	99	25. „ [VI]	95
6. „	74	27. „ [VI]	115	25. „ [VI]	95
7. „	75	27. „ [VI]	116	25. „ [VI]	95
9. „	70	28. „ [I]	15	25. „ [VI]	100
9. „ [V]	81	28. „ [V]	86	25. „ [VI]	105
12. „	19	1. Oktober	50	25. „ [VI]	105
13. „	75	2. „	76	25. „ [VI]	106
13. „ [V]	81	9. „ [V]	75	25. „ [VI]	106

Datum der Entscheidung.	Seite	Datum der Entscheidung.	Seite	Datum der Entscheidung.	Seite
25. Oktober [VI]	110	6. Dezember [VI]	96	17. Januar [VI]	109
25. „ [VI]	110	6. „ [VI]	103	17. „ [VI]	109
25. „ [VI]	111	6. „ [VI]	107	17. „ [VI]	111
25. „ [VI]	114	6. „ [VI]	108	17. „ [VI]	112
29. „	51	6. „ [VI]	108	17. „ [VI]	114
30. „ [I]	15	6. „ [VI]	111	18. „	11
30. „ [I]	22	7. „	17	21. „	46
31. „ [II]	2	8. „ [II]	3	22. „	76
31. „ [II]	2	8. „ [II]	8	22. „ [VI]	83
31. „ [IV]	38	10. „ [IV]	39	23. „	13
2. November	89	10. „ [III]	58	28. „	52
3. „	2	12. „ [II]	3	30. „	41
5. „	51	12. „ [IV]	40	31. „ [VI]	96
6. „	71	13. „	77	31. „ [VI]	113
7. „	12	14. „ [I]	22	31. „ [VI]	113
8. „ [VI]	101	14. „ [V]	66	31. „ [VI]	113
8. „ [VI]	102	17. „	47	31. „ [VI]	115
8. „ [VI]	103	18. „ [V]	67	1. Februar	62
8. „ [VI]	106	18. „ [V]	77	1. „ [V]	84
8. „ [VI]	114	18. „ [V]	78	2. „	4
8. „ [VI]	116	18. „ [V]	88	4. „ [III]	32
13. „	13	19. „ [IV]	67	4. „ [IV]	41
14. „ [II]	7	19. „ [V]	77	6. „	25
14. „ [IV]	53	19. „ [V]	78	9. „	4
15. „ [V]	71	19. „ [V]	88	14. „ [III]	52
15. „ [V]	82	20. „ [VI]	103	14. „ [III]	52
16. „ [V]	72	20. „ [VI]	108	14. „ [VI]	76
16. „ [V]	77	20. „ [VI]	108	14. „ [V]	90
16. „ [V]	87	20. „ [VI]	116	14. „ [VI]	91
17. „	16			18. „	30
19. „	51	**1895.**		19. „	11
20. „ [V]	75	4. Januar [I]	25	20. „ [IV]	53
20. „ [V]	83	4. „ [V]	67	20. „ [IV]	24
20. „ [V]	87	4. „ [V]	88	25. „	31
20. „ [V]	88	5. „	4	26. „	25
22. „	101	7. „	51	27. „	42
23. „	71	8. „ [V]	83	28. „ [III]	28
24. „ [II]	3	8. „ [V]	86	28. „ [III]	32
24. „ [IV]	53	11. „	29	1. März	26
24. „ [V]	83	17. „	52	2. „	16
27. „	22	17. „ [V]	85	6. „ [II]	9
28. „	39	17. „ [VI]	92	6. „ [IV]	42
30. „	80	17. „ [VI]	92	12. „	23
6. Dezember [VI]	96	17. „ [VI]	104	16. „	42

Alphabetisches Register.

Die beigefügten Zahlen verweisen auf die Seiten.

A.

Q.

R.

S.

T.

U.

V.

W.

Z.

Druck von Albert Koenig in Guben.

FSC
www.fsc.org
MIX
Papier | Fördert
gute Waldnutzung
FSC® C083411

Kolibri 360 GmbH
Ferdinand-Jühlke-Straße 7
99095 Erfurt, Deutschland
produktsicherheit@kolibri360.de